乡 村 教 师 教 育
4ACCESS模式特色教材

WULIXUE JICHU
WULI JIAOYU JIAOXUE ZHISHI YU NENGLI

物理学基础：
物理教育教学知识与能力

李 连 王日兴/主 编

北京师范大学出版集团
BEIJING NORMAL UNIVERSITY PUBLISHING GROUP
北京师范大学出版社

图书在版编目(CIP)数据

物理学基础：物理教育教学知识与能力 / 李连，王日兴主编 .—北京：北京师范大学出版社，2021.5
乡村教师教育 4ACCESS 模式特色教材
ISBN 978-7-303-26471-1

Ⅰ. ①物… Ⅱ. ①李… ②王… Ⅲ. ①中学物理课—教学研究—师资培训—教材 Ⅳ. ①G633.72

中国版本图书馆 CIP 数据核字(2020)第 218443 号

营销中心电话 010-58802135 010-58802786
北师大出版社教师教育分社微信公众号 京师教师教育

WULIXUE JICHU：WULI JIAOYU JIAOXUE ZHISHI YU NENGLI

出版发行：北京师范大学出版社 www.bnup.com
北京市西城区新街口外大街 12-3 号
邮政编码：100088
印　　刷：保定市中画美凯印刷有限公司
经　　销：全国新华书店
开　　本：710 mm×1000 mm 1/16
印　　张：10.5
字　　数：200 千字
版　　次：2021 年 5 月第 1 版
印　　次：2021 年 5 月第 1 次印刷
定　　价：42.00 元

策划编辑：王剑虹　　责任编辑：欧阳美玲
美术编辑：焦　丽　　装帧设计：焦　丽
责任校对：康　悦　　责任印制：马　洁

前 言

自2017年开始，我校逐步开展初中起点六年制公费定向师范生的培养工作。相较于普通本科生而言，这些定向师范生均来自农村且不具备高中阶段的相关基础知识，其培养目标为中小学乡村教师，以后是乡村教育的重要力量。因此，夯实定向师范生的理论基础、提升其文化水平成为我们培养工作的重中之重。在教育教学过程中，学校提出了4ACCESS的人才培养模式。“4 Aims”即“爱思想、爱乡村、爱儿童、爱教育”培养目标，以此奠定乡村教师的目标之基；“4 Curriculums”即通识课程、教育课程、学科专业课程、实践技能课程四类课程，分别予以拓展、优化、精练与强化，以奠定面向乡土、联结现代的课程之基；“4 Classrooms”即深化整合移动课堂、研究性课堂、合作课堂、融合课堂四类课堂，以树立生命意识与教育创新精神；“4 Exercises”即开展院本实习、基地实习、顶岗(扶贫)实习、母校实习四类教学实习，以提升乡土情怀与师范技能；“4 Salons”即以爱智沙龙、寻根沙龙、审美沙龙、悟教沙龙等建构乡村师范文化，涵养公费师范生的人文气质与综合素养；“4 Systems”即通过智库系统、数字系统、评价系统与保障系统，支持公费师范生培养模式的有效运行。为更好推广应用4ACCESS人才培养模式，并推动其与乡村教师通识课程教育的结合，作者特编写了本教材。

全书共七章，主要介绍了运动学中的直线运动和曲线运动。第一章介绍了描述物体运动的几个物理量，包括质点、参考系、坐标系、时间与时刻、位移与路程、速度、加速度等。第二章介绍了匀变速直线运动的规律和生活中常见的匀变速直线运动：自由落体运动。第三章介绍了物体间的相互作用，包括重力、弹力和摩擦力，还介绍了力的合成与分解及其遵循的平行四边形定则。第四章介绍了牛顿运动的三大定律及其应用，架起了力学与运动学的桥梁。第五章介绍曲线运动的相关知识，其中重点介绍了平抛运动和匀速圆周运动。第六章介绍了万有引力定律及其应用。第七章主要介绍了机械能的相关知识，重点介绍了功、重力势能、动能定理和机械能守恒定律。

在教材的编写过程中，针对公费定向师范生前两年中职阶段物理学基础的教学，以适用为原则，借鉴了人民教育出版社出版的普通高中课程标准实验教科书《物理(必修 1)》《物理(必修 2)》、广东教育出版社出版的普通高中课程标准实验教科书《物理(必修 1)》《物理(必修 2)》和教育科学出版社出版的普通高中课程标准实验教科书《物理(必修 1)》《物理(必修 2)》。结合初中起点公费定向师范生物理学基础的知识储备，将学习内容有机地编排到教材中，有利于课程学习的逐步深入且保有完整的物理知识结构。物理本身是源于生活的，本教材通过大量日常生活实例切入知识点，然后通过“讨论”“思考”“实验”等方式引导学生深入理解知识点，最后通过知识点在具体问题中的应用进一步巩固知识点，从而让学生在深入理解和运用知识点的过程中，为物理课程的学习和后期的教学工作打下坚实的理论基础。

本书适用于公费定向师范生前两年中职阶段物理学基础教学。鉴于作者学识水平和工作能力有限，书中难免有不足之处，真诚希望广大读者及各位同仁予以批评和指正。

李连

2020 年 10 月

目 录

第一章 运动的描述

展翅的雄鹰翱翔空中，急驰的流星划过夜空，汽车飞驰在公路上，江水咆哮着奔向远方……运动是宇宙中的普遍现象，大到星系、星系团，小到微观世界的分子、原子，运动无处不在。物体的空间位置随时间的变化，是自然界中最简单、最基本的运动形态，称为**机械运动**。

在物理学中，研究物体机械运动规律的分支叫作力学。力学可区分为运动学、静力学和动力学三部分。运动学只考虑物体怎样运动，不讨论它与所受力的关系；静力学研究力的平衡或物体的静止问题；动力学讨论物体运动和所受力的关系。在这一章中，我们主要学习运动学中描述物体运动的物理量。

1.1 认识运动

在生活中，我们随处可以看到各式各样的运动：鱼儿在游动、列车在行驶、河水在流动、电扇扇叶在旋转……这些运动都属于机械运动。那么，应该怎样描述物体的机械运动呢？

1.1.1 质点

物体在运动时，其上各部分的运动形式往往多种多样，因此要准确地描述物体的运动是十分困难的。例如，拍打着翅膀在空中翱翔的雄鹰(图 1.1.1)，虽然身体在向前运动，但是它的翅膀在向前运动的同时还在上下运动；高速公路上行驶的汽车(图 1.1.2)，虽然车身在向前运动，但是车轮却在向前运动的同时还在转动。由此可见，雄鹰和汽车上各点的运动情况是不尽相同的，对它们的运动情况进行描述是十分复杂的。

描述物体运动情况的困难在哪里？稍加分析可以知道，这是因为每个物体都有自己的大小和形状，而同一物体各部分的运动情况又不尽相同。那么，有什么方法可以将物体的运动过程进行简化吗？

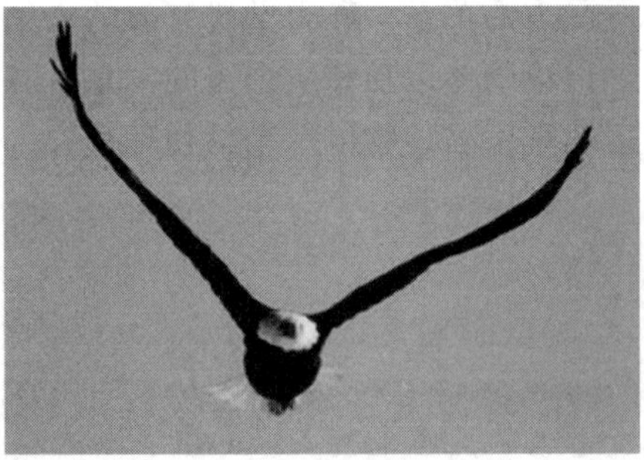

图 1.1.1　空中翱翔的雄鹰

图 1.1.2　急速行驶的汽车

生活经验告诉我们，在某些情况下，可以忽略物体的大小和形状，将物体看作是没有大小和形状的“点”。例如，在研究雄鹰从甲地飞行到乙地所用时间等问题时，可以不用考虑雄鹰翅膀的上下拍动，直接将雄鹰看作没有大小和形状的“点”；在研究汽车从甲地行驶到乙地所用时间等问题时，可以不用考虑车轮的转动，直接将汽车看作没有大小和形状的“点”。由此可见，在某些情况下，我们可以忽略物体的大小和形状，将物体简化为一个有质量的点，这样的点称为**质点**。那么，在什么情况下，我们可以将物体看作质点呢？

【讨论】如图 1.1.3 所示，(1)研究地球绕太阳公转一周所用的时间时，可以把地球视为质点吗？(2)研究火车通过大桥的时间时，能忽略火车的形状和大小吗？

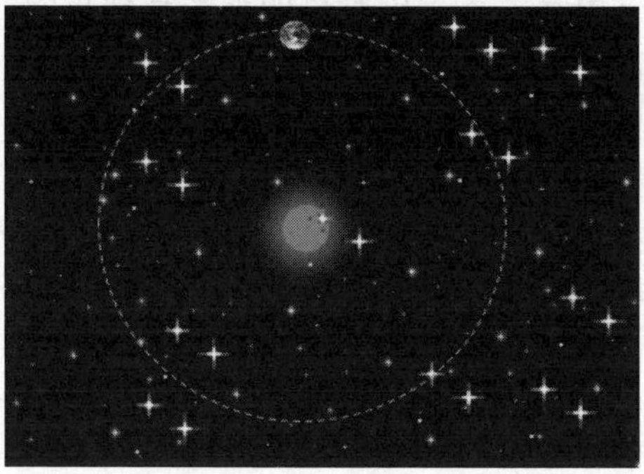

（a）地球绕太阳公转

（b）火车通过大桥

图 1.1.3

第一个问题中，考虑到地球到太阳的距离约为 1.5×10^{8} km，而地球直径只有约 1.3×10^{4} km，还不到它与太阳距离的万分之一，所以，由于地球大小而造成的地球上各部分的运动差异可以忽略不计。也就是说，在研究地球绕太阳公转一周所用的时间时，可以不考虑地球的大小和形状，而是把它视为一个有质量的点。第二个问题中，因为火车的长度对通过桥所用时间的多少有影响，不可以忽略，所以在该问题中，不能忽略火车的形状和大小。由此可见，物体本身的尺寸大小不是能否看作质点的标准，物体能否看作质点是由所研究的问题决定的，当物体的大小、形状对所研究问题的影响可以忽略不计时，我们就可以将物体作为质点处理。

1.1.2　参考系

自然界的一切物体都处于永恒的运动中，绝对静止的物体是不存在的，所以我们说运动是绝对的。但具体描述某一个物体的位置及其随时间的变化时，又总是相对于其他物体而言的，所以运动又具有相对性。相对于地面而言，地球上的房屋、树木都是静止的，但是相对于地轴，地球上的房屋、树木在随着地球一起运动。由此可见，要描述任何物体的运动，都必须选定某个其他物体做参考，再根据物体相对于这个被选定的其他物体的位置变化及变化情况进行描述，这个被选作参考的其他物体，叫作**参考系**。

图 1.1.4　匀速飞行的飞机中乘客的运动情况

描述一个物体的运动时，参考系的选取是任意的，但对同一问题中的同一物体，如果选取的参考系不同，运动情况可能不同。例如，如图 1.1.4 所示。在匀速飞行的飞机上，若以地面为参考系，机舱里的乘客是运动的，他们随着飞机一起运动；若以机舱为参考系，机舱里的乘客是静止的。所以，在选取参考系时，我们应以使运动的描述尽可能简单为原则。

由于运动描述的相对性，以后凡是说到运动，都应该明确选取的是哪个参考系，并且要注意的是如果要比较两个物体的运动情况，必须选择同一个参考系来比较才有意义。参考系的选择很重要，选取得当，会使得研究的问题变得简洁、方便。在中学阶段，除特殊说明外，一般选地面或相对地面静止的物体为参考系。

1.1.3 时间间隔和时刻

在日常生活中，我们经常会说到“时间”这个词，但是它有时候指时刻，有时候又是指时间间隔。譬如，“我们的早读从 7 点 20 分开始，7 点 50 分结束”，这句话里的“7 点 20 分”和“7 点 50 分”指的是时刻，而这两个时刻之间的 30 分钟指的是时间间隔(图 1.1.5)。那么，时刻和时间间隔的具体含义是什么呢？

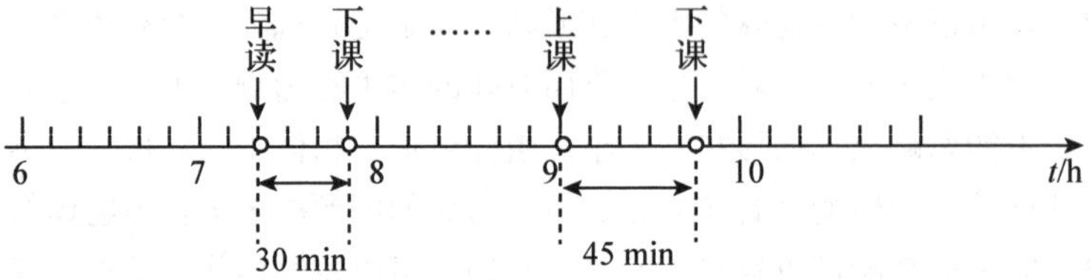

图 1.1.5 早读与下课的开始与结束的时刻及早读与下课所持续的时间间隔

钟表指示的一个读数对应的是一个瞬间，称为**时刻**，在时间轴上用一个点表示；两个时刻之间的间隔称为**时间间隔**，在时间轴上用一段距离表示。时间间隔和时刻的关系可以表示为：

$$\Delta t=t_2-t_1。$$

其中，t_1，t_2表示前后两个时刻，Δt 表示这两个时刻之间的时间间隔。

日常生活中所说的“时间”，有时候指时间间隔，有时候指时刻，要根据上下文认清它的含义。值得注意的是，在物理学中，时间的含义就是时间间隔。

练习

1. 关于下列情况中的物体可否看作质点，判断正确的是(　　)。

A. 分析高射炮弹的轨迹长度，炮弹可视为质点

B. 研究一列火车通过南京长江大桥的时间，火车可视为质点

C. 研究地球的自转，地球可视为质点

D. 分析跳高运动员的过杆技术，运动员可视为质点

2. 甲物体以乙物体为参考系是静止的，甲物体以丙物体为参考系又是运动的，那么，以乙物体为参考系，丙物体的运动情况是(　　)。

A. 一定是静止的　　B. 运动或静止都有可能

C. 一定是运动的　　D. 条件不足，无法判断

3. 试分析“太阳东升西落”“地球的公转”“同步卫星在高空静止不动”“一江春水向东流”中是什么物体相对什么参考系在运动。

4. 下列叙述中，哪些是指时间？哪些是指时刻？

(1)2008 年 9 月 25 日 21：10，我国在酒泉卫星发射中心将我国自行研制的神舟七号宇宙飞船成功地送上太空，飞船绕地球飞行一圈时间约为 90 分钟。

(2)1997 年 7 月 1 日零时，中国对香港恢复行使主权。

(3)天津开往广州的 625 次列车于 13：35 从天津发车。

(4)“前 5 秒”“第 5 秒初”“最后 5 秒”。

1.2　位置变化的描述——位移

1.2.1　坐标系

在物理学中，为定量地描述物体的位置及其位置变化，我们需要利用已有的数学知识，在参考系上建立适当的坐标系。例如，当物体沿直线运动时，可以建立一个一维坐标系，如图 1.2.1 所示，该物体运动到 A 点，此时它的位置坐标为 $x_A=3$ m。

当物体在平面上运动时，要描述其位置，仅用一维坐标系就不行了，需要建立一个二维坐标系，如图 1.2.2 所示，当物体运动到 B 点时，它在此直角坐标系的位置可以记为(2，1)或者 $x=2$ m，$y=1$ m。

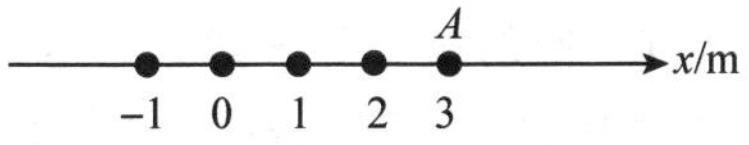

图 1.2.1　一维坐标系

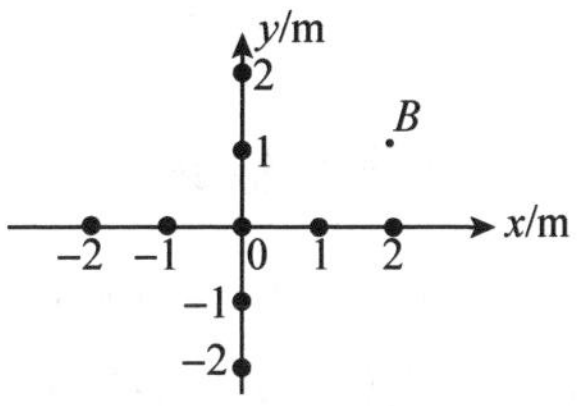

图 1.2.2　二维坐标系

1.2.2　路程和位移

机械运动表现为物体位置的变化。我们初中所学的**路程**是表示运动轨迹长

度的物理量，它不能完全确定物体位置的变化。如图 1.2.3 所示，假如你从 A 地去 B 地，既可以坐飞机，也可以坐高铁。显然，采用以上两种方式，虽然运动轨迹不相同，也就是路程不一样，但是初、末位置是一样的，即位置的变化是一样的。在物理学中把物体(质点)位置的变化称为**位移**，用从初位置到末位置的一条有向线段来表示，该有向线段的长度表示位移的大小，有向线段的指向表示位移的方向，如图 1.2.3 中带箭头的线段 AB。

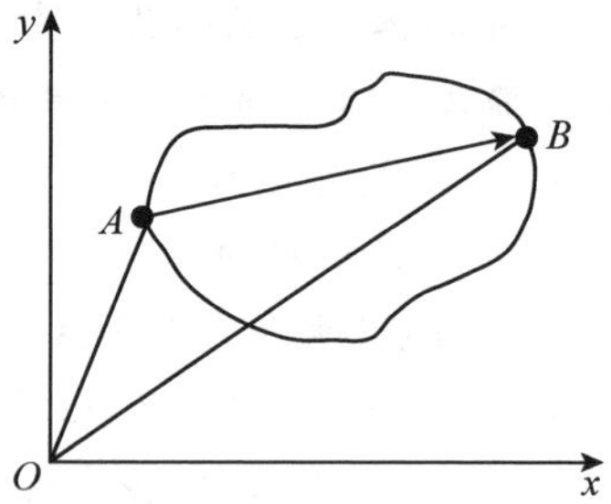

图 1.2.3　从 A 地去 B 地，无论沿什么轨迹，位移都是相同的，可以用带箭头的线段来表示

在国际单位制中，位移和路程的单位都是米，用符号 m 表示。常用的单位还有千米(km)、分米(dm)、厘米(cm)等。

为表示物体的位置变化，也就是物体的位移，我们可以通过建立直角坐标系来分析。如图 1.2.4 所示，物体在 t_1 时刻处于“位置” x_1，在 t_2 时刻处于“位置” x_2，那么物体的“位移”可以表示为：

$$\Delta x = x_2 - x_1。$$

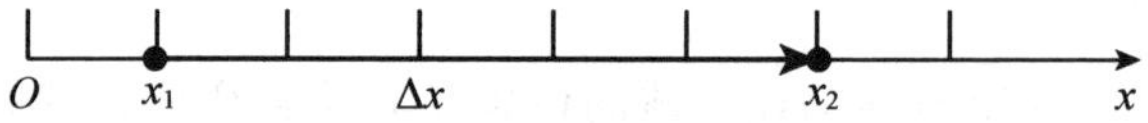

图 1.2.4　物体先后两个坐标 x_1 和 x_2 表示物体的位置，坐标的变化量 Δx 表示物体的位移

【例题】物体从 A 运动到 B，初位置的坐标是 $x_A = 3$ m，末位置的坐标是 $x_B = -2$ m，求物体从 A 运动到 B 的位移。

解：由题意可得，物体从 A 运动到 B 的位移为：

$$\Delta x = x_B - x_A = -2\ \text{m} - 3\ \text{m} = -5\ \text{m}。$$

其中，负号的含义是指位移的方向与选定的正方向(即坐标系的正方向)相反。

1.2.3　矢量和标量

在物理学中，像位移这样既有大小又有方向的量称为**矢量**，它可以用一根带有箭头的线段来表示，该线段的长短表示其大小，箭头的方向表示其方向；只有大小没有方向的量称为**标量**，如路程、温度、质量等。

矢量相加和标量相加遵循不同的法则。标量相加遵循“算数相加”法则，例如，某物体先向西走了 3 m，然后向东走了 4 m，该物体运动的总路程为 7 m。矢量相加的法则与此不同，我们将在第三章具体讨论这个问题。

练习

图 1.2.5

1. 如图 1.2.5 所示是高速公路指示牌，请问指示牌中的“25 km”指的是位移还是路程？

2. 某人站在楼房顶层从 O 点竖直向上抛出一个小球，小球上升的最大高度为 20 m，然后落回到抛出点 O 点下方 25 m 的 B 点，则小球在这一运动过程中通过的路程和位移分别是多少？(规定竖直向上为正方向)

3. 从高为 5 m 处以某一初速度竖直向下抛出一个小球，在与地面相碰后弹起，上升到高为 2 m 处被接住，则这段过程中(　　)。

A. 小球的位移为 3 m，方向竖直向下，路程为 7 m

B. 小球的位移为 7 m，方向竖直向上，路程为 7 m

C. 小球的位移为 3 m，方向竖直向下，路程为 3 m

D. 小球的位移为 7 m，方向竖直向上，路程为 3 m

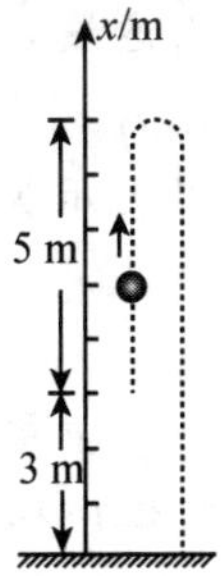

图 1.2.6

4. 从高出地面 3 m 的位置竖直向上抛出一个小球，它上升 5 m 后向下落，最后到达地面(图 1.2.6)。分别以地面落点和抛出点为原点建立直角坐标系，方向均以向上为正，填写表 1.2.1。

表 1.2.1　以地面和抛出点为原点时各点的位置和各过程的位移

坐标原点设置	出发点的坐标	最高点的坐标	落地点的坐标	上升过程的位移	下落过程的位移	全过程的总位移
以地面落点为原点						
以抛出点为原点						

5. 一辆汽车从市中心开始行驶，先向南行驶 500 m 到达 A 处，再向东行驶 400 m 到达 B 处，最后又向西行驶了 700 m 到达 C 处，请用数学方法描述汽车在 A，B，C 三处的位置。

6. 在已学的物理量中，试举例哪些是矢量，哪些是标量。

1.3　运动快慢和方向的描述——速度

1.3.1　运动快慢的描述——速度

不同的运动中物体位置变化的快慢是不相同的，即运动的快慢是不相同的，要比较物体的运动快慢一般有以下两种方法。

(1)相同位移，物体所用时间越短，运动越快。例如，优秀运动员可以在 10 s 内跑完 100 m，某同学跑完 100 m 需要 13.8 s，优秀运动员跑得比这位同学快。

(2)相同时间，物体的位移越大，运动越快。例如，汽车在 30 min 内行驶了 50 km，自行车在相同时间内行驶 8 km，汽车比自行车运动得快。

但当位移和时间都不相同时，该怎么比较物体的运动快慢呢？有没有统一的比较标准？在物理学中，将位移与发生这个位移所用时间的比值称为**速度**，用来表示物体运动的快慢，速度通常用字母 v 来表示。如果物体在 t_1 时刻所处的位置为 x_1，在 t_2 时刻所处的位置为 x_2，那么它的速度可以表示为：

$$v=\frac{\Delta x}{\Delta t}=\frac{x_2-x_1}{t_2-t_1}。$$

速度是矢量，既有大小，又有方向。速度的大小在数值上等于单位时间内物体位移的大小，它的方向就是物体运动的方向。在国际单位制中，速度的单位是米每秒(m/s 或 $\mathrm{m\cdot s^{-1}}$)。常用单位还有千米每时(km/h 或 $\mathrm{km\cdot h^{-1}}$)、厘米每秒(cm/s 或 $\mathrm{cm\cdot s^{-1}}$)。

1.3.2 平均速度

在匀速直线运动中，物体在相同时间内的位移是相等的，我们使用 $v=\frac{\Delta x}{\Delta t}$ 可以准确地描述物体的运动快慢。但是一般来说，物体在某一段时间间隔内，运动的快慢不一定相同，这时使用 $v=\frac{\Delta x}{\Delta t}$ 求得的速度只能粗略地描述物体在时间间隔 Δt 内的平均快慢程度，这个速度叫作**平均速度**(average velocity)，通常用符号 $\bar{v}$ 表示。平均速度是一个矢量，它的方向与这段路程的位移方向相同，但与运动方向不一定相同。

1.3.3 瞬时速度

在变速运动中，物体的速度时刻在发生变化，为了精确描述物体在某时刻或者某位置的运动快慢，我们可以将 Δt 取得小一些，这样，物体从 t 时刻运动到 $t+\Delta t$ 时刻，由于时间间隔比较小，物体的运动快慢差异相对也比较小。当 Δt 非常非常小时，我们把 $\frac{\Delta x}{\Delta t}$ 称为物体在 t 时刻的速度，这种物体在某一时刻或者某一位置的速度称为**瞬时速度**。瞬时速度是一个矢量，它可以精确地描述物体在某一时刻或者某一位置运动的快慢。瞬时速度的大小叫作瞬时速率，简称**速率**。汽车速度表上的速度（图 1.3.1）、公路旁的限速牌上的数字（图 1.3.2）都是指速率。

图 1.3.1　汽车速度表

图 1.3.2　公路旁的限速牌

匀速直线运动是瞬时速度保持不变的运动，所以，在匀速直线运动中，平均速度等于瞬时速度。

练习

1.（多选）关于速度的说法，下列各项中正确的是（　　）。

A. 速度是描述物体运动快慢的物理量，速度大表示物体运动快

B. 速度描述物体的位置变化快慢，速度大表示物体位置变化快

C. 速度越大，位置变化越快，位移也就越大

D. 以上说法都不正确

2. 短跑运动员在 100 m 的竞赛中，5 s 末的速度是 8.7 m/s，10 s 末到达终点的速度为 10.3 m/s，此运动员在这 100 m 中的平均速度的大小是（　　）。

A. 9.5 m/s　　B. 10.3 m/s

C. 9 m/s　　D. 10 m/s

3. 下面所说的速度中，哪些是平均速度？哪些是瞬时速度？

（1）子弹以 600 m/s 的速度从枪口射出。

（2）由于堵车，在隧道内的速度仅为 1.2 m/s。

（3）小球在第 5 s 内的速度是 6 m/s。

（4）汽车速度计显示的速度为 70 km/h。

（5）经提速后，列车的速度最高达到 300 km/h。

4. 一辆汽车从甲地沿平直的公路以 $v_1=36$ km/h 的速度行驶，经过 2 h 到达乙地，休息了 4 h 后，又沿原路返回，以 $v_2=54$ km/h 的速度运动了 3 h 越过甲地到达丙地。求全程的平均速度。

5. 汽车从制动到停止下来共用了 5 s。这段时间内，汽车每 1 s 前进的距离分别是 9 m，7 m，5 m，3 m，1 m。

(1)求汽车前 1 s、前 2 s、前 3 s、前 4 s 和全程的平均速度。

(2)汽车运动的最后 1 s 的平均速度是多少？汽车的末速度是多少？

1.4 实验：用打点计时器测速度

由于物体在做直线运动时其位置在不断发生变化，所以要研究物体的运动情况，首先必须准确记录物体的运动信息——位移、时间等。在实验室中，我们可以用直尺和打点计时器来记录运动物体发生的位移及其运动的时间，从而计算出物体的速度。

1.4.1 打点计时器

打点计时器是一种能够按照相同时间间隔在纸带上打出一系列的点来记录物体运动信息(如位移、时间等)的仪器，我们可以通过分析纸带上点的特征来研究物体的运动规律。实验室常用的打点计时器有电磁打点计时器和电火花打点计时器。

电磁打点计时器的构造如图 1.4.1 所示，它使用交流电源(由学生电源供电)，工作电压在 6 V 以下，当电源的频率是50 Hz 时，每隔 0.02 s 打一次点。其工作原理为：通电前把纸带穿过限位孔，再把套在轴上的复写纸压在纸带的上面，接通电源后，由于振片的磁极随着电流方向的改变而不断变化，在永久磁铁的磁场作用下，振片将上下振动，这时，如果纸带运动，振针就通过复写纸在纸带上留下一行小点。

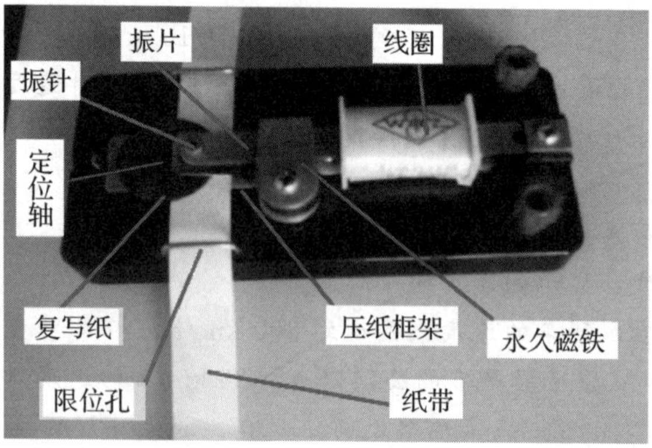

图 1.4.1 电磁打点计时器

电火花打点计时器的构造如图 1.4.2 所示，它的工作电压是 220 V 交变电流，当电源的频率是 50 Hz 时，每隔 0.02 s 打一次点。其工作原理为：通电前，将墨粉纸套在纸盘轴上，把纸带穿过限位孔，当接通电源、按下脉冲输出开关时，计时器发出的脉冲电流经放电针、墨粉纸盘到纸盘轴，产生火花放电，于是在运动的纸带上就打出一行点迹。相对于电磁打点计时器，电火花打点计时器工作时，纸带运动受到的阻力更小，实验误差也就更小。

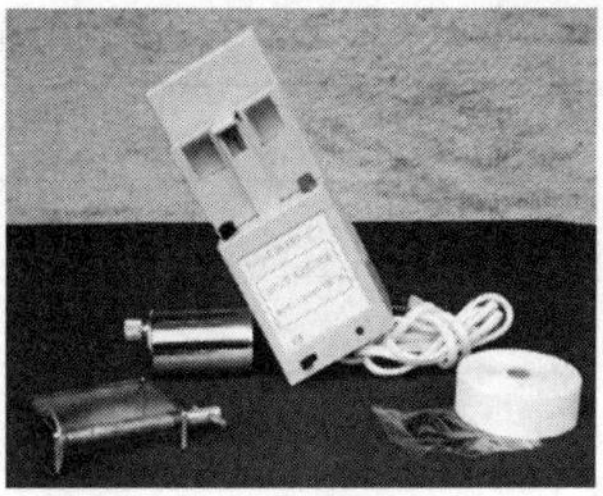

图 1.4.2　电火花打点计时器

1.4.2　实验：用打点计时器测量平均速度和瞬时速度

打点计时器是中学实验中常常使用的仪器，在进行实验前需对其结构及使用方法进行了解。下面以使用电火花打点计时器为例进行实验。

【实验步骤】

(1)熟悉电火花打点计时器的结构，然后将其固定在桌子上。

(2)安装好纸带，并将电火花打点计时器上的电源插头插在交流 220 V 电源插座上。

(3)先启动电源，用手水平地拉动纸带，纸带上就会打出一系列点迹。

(4)关闭电源，取下纸带。

(5)换上新的纸带，重复实验两次。

【实验数据处理与分析】

(1)选取一条点迹清晰便于分析的纸带，以某个比较清晰的点为起始点，每隔四个点取一个计数点，每两个计数点间的时间间隔为 $T=5\times0.02\ \mathrm{s}=0.1\ \mathrm{s}$，在纸带上用 0，1，2，3，4，…标出这些计数点，如图 1.4.3 所示。

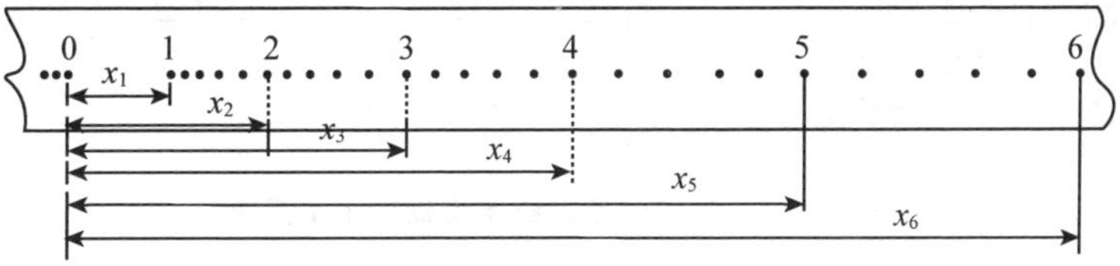

图 1.4.3

(2)用刻度尺测量所选取的 0 到 $i(i=1，2，3，4，\cdots)$之间的距离 x_i(图 1.4.3)，利用公式 $\bar{v}_i=\dfrac{x_i}{\Delta t}$计算纸带在 0 到 $i(i=1，2，3，4，\cdots)$点这一段时间内的平均速度，把测量和计算的结果填入表 1.4.1 中。

表 1.4.1 手拉纸带在几段时间内的平均速度和在几个时刻的瞬时速度

位置	0	1	2	3	4	5	6
$\Delta x/\mathrm{m}$							
$\Delta t/\mathrm{s}$							
$\bar{v}/(\mathrm{m\cdot s^{-1}})$							
$v/(\mathrm{m\cdot s^{-1}})$							

(3)1，2，3，…各点的瞬时速度分别为 $v_1=\frac{x_2}{2T}$，$v_2=\frac{x_3-x_1}{2T}$，$v_3=\frac{x_4-x_2}{2T}$，…，并将求出来的各点的瞬时速度填入表 1.4.1 中。

1.4.3 直线运动中的速度-时间图像

在日常生活中，许多变化过程，如气温的变化、物价的涨跌……都可以用图像来清晰明了地表示，同样的，速度随时间的变化也可以用图像来表示。以速度(v)为纵轴，时间(t)为横轴，建立平面直角坐标系，根据表 1.4.1 中的速度、时间数据，在该坐标系中进行描点，然后用一条平滑曲线来“拟合”这些点，这样就将物体速度随时间的变化规律用图像表示出来了，这种描述物体速度随时间变化规律的图像我们叫作速度-时间图像或者 v-t 图像。如图 1.4.4 所示为某同学手拉纸带运动的 v-t 图像。

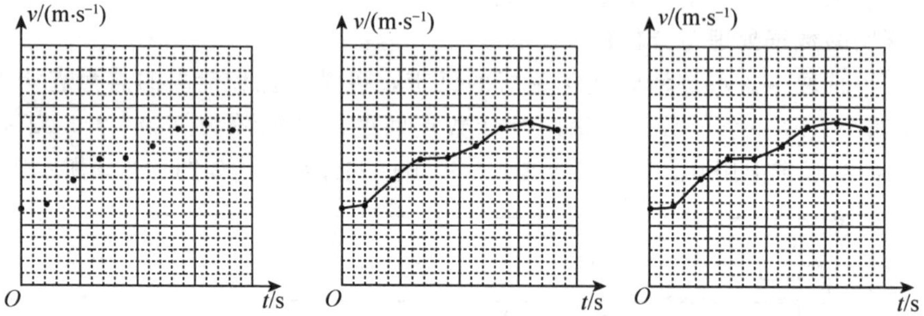

图 1.4.4 某同学手拉纸带运动的 v-t 图像

匀速直线运动的 v-t 图像是与横轴平行的直线，如图 1.4.5 所示，从图像中不仅可以看出速度的大小，还可以求出物体的位移。运动物体在时间 t 内的位移为 $x=vt$，对应图像中矩形的面积。而变速直线运动的速度随时间不断变化，图 1.4.6 为几种变速直线运动的 v-t 图像。

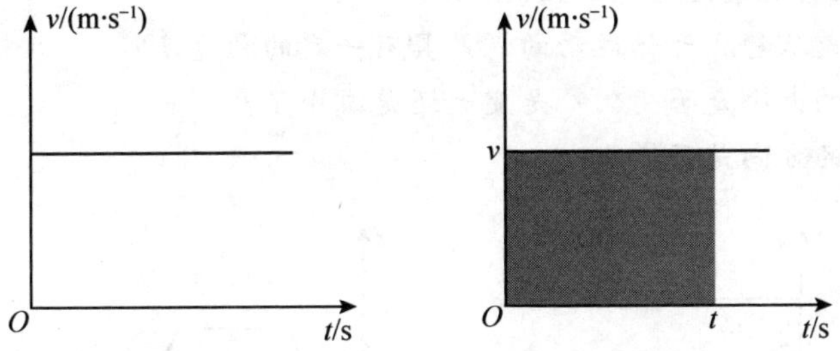

（a）匀速直线运动的v-t图像　　（b）矩形的面积为位移的大小

图 1.4.5

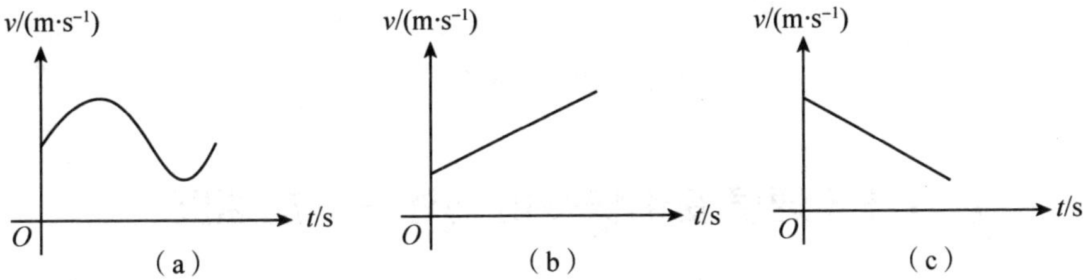

图 1.4.6　几种变速直线运动的 v-t 图像

练习

1. 对比电磁打点计时器和电火花打点计时器，你认为哪一种可能引起较大的误差？为什么？

2. 如图 1.4.7 所示为某同学在实验室用电火花打点计时器打出的一条清晰纸带。图中 A，B，C，D，E 为相邻的计数点(两相邻计数点间还有四个点没有画出)，根据以上信息可知：

(1)相邻两计数点间的时间间隔是多少?

(2)试求出 D 点的瞬时速度大小和 DE 段平均速度大小。(结果保留三位有效数字)

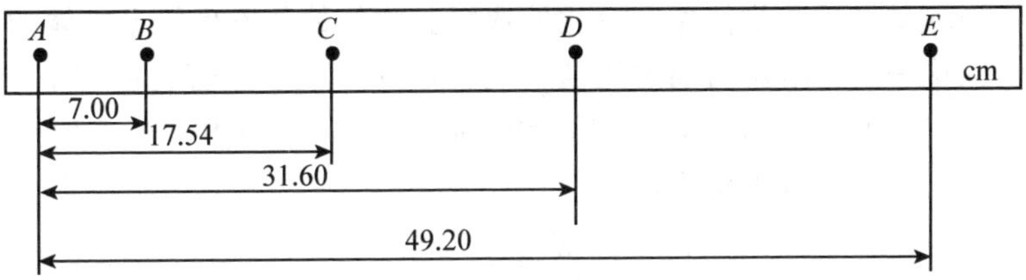

图 1.4.7

3. 如图 1.4.8 所示是甲、乙两个物体运动的 v-t 图像，试从以下三个方面分别说明它们的速度是怎样变化的。

(1)物体是从静止开始运动的还是具有一定的初速度？

(2)速度的大小是否变化？是变大还是减小了？

(3)运动的方向是否变化？

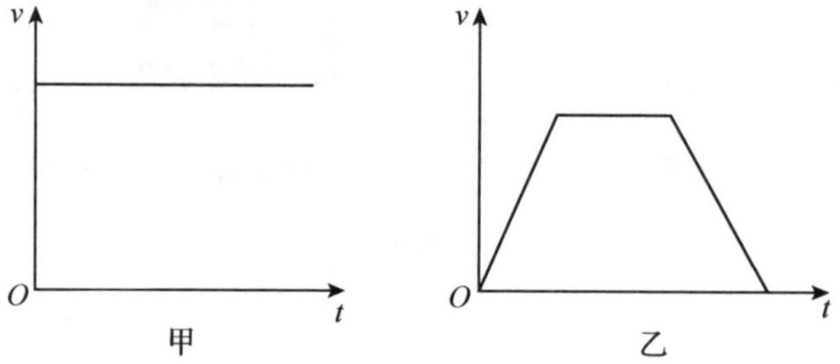

图 1.4.8

1.5 速度变化快慢的描述——加速度

日常生活中，速度不断变化的例子数不胜数，如运动员的起跑和冲刺、火箭发射时的速度增加、汽车的紧急刹车……物体的运动速度都在发生变化，但是速度变化的快慢程度不相同。

1.5.1 加速度

【讨论】一架飞机以 300 m/s 的速度匀速飞行；火箭发射时速度在 10 s 内由 0 增加到 100 m/s；蜻蜓起飞时，速度在 0.7 s 内由 0 增加到 8 m/s。

(1)谁的速度变化最大？谁的速度变化最小？

(2)谁的速度变化要快一些？判断依据是什么？

(3)运动速度越大的物体，其速度变化越快吗？

不同物体运动时速度变化的快慢往往是不相同的，在物理学中，我们用**加速度**这个物理量来描述物体速度变化的快慢。**物体的加速度等于物体的速度变化量和发生这一变化所用时间的比值**，通常用 a 来表示。若物体在t_1时刻速度为v_1，在t_2时刻速度为v_2，那么在这段时间($\Delta t=t_2-t_1$)内，速度的变化量为$\Delta v=v_2-v_1$，加速度可表示为：

$$a=\frac{\Delta v}{\Delta t}=\frac{v_2-v_1}{t_2-t_1}。$$

在国际单位制中，加速度的单位为**米每二次方秒**(m/s^2或 $m\cdot s^{-2}$)。

加速度是矢量，它不仅有大小，还有方向。由公式 $a=\frac{\Delta v}{\Delta t}$可知，加速度 a

的方向和速度变化量 Δv 的方向相同。在直线运动中，通常选取初速度 v_1 的方向为正方向，如图 1.5.1 所示，当 $v_2>v_1$ 时，速度变化量 Δv 的方向与初速度 v_1 的方向相同，加速度 a 与初速度 v_1 的方向相同，物体做加速运动；如图 1.5.2 所示，当 $v_2<v_1$ 时，速度变化量 Δv 的方向与初速度 v_1 的方向相反，加速度 a 与初速度 v_1 的方向相反，物体做减速运动。

由以上分析可知，**在直线运动中，如果速度增大，加速度方向与速度方向相同；如果速度减小，加速度方向与速度方向相反**。

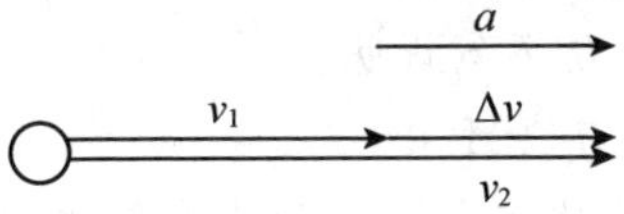

图 1.5.1　速度增大时的情况

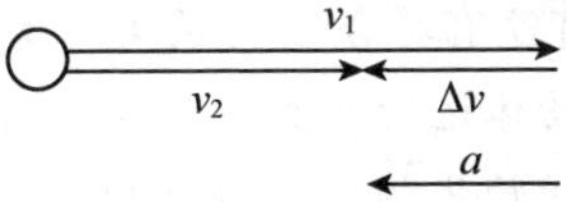

图 1.5.2　速度减小时的情况

【例题】在平直公路上行驶的汽车紧急刹车时做减速运动，在 2 s 内速度从 20 m/s 减小到零，求汽车速度的变化量和加速度。

解：设汽车初速度方向为正方向，$v_1=20\ \text{m/s}$，$v_2=0\ \text{m/s}$，$\Delta t=2\ \text{s}$ 内物体的速度变化量为：

$$\Delta v=v_2-v_1=(0-20)\text{m/s}=-20\ \text{m/s}。$$

即汽车速度变化的大小为 20 m/s，Δv 为负值表示速度变化的方向与初速度的方向相反。

汽车的加速度为：

$$a=\frac{\Delta v}{\Delta t}=\frac{0-20}{2}\ \text{m/s}^2=-10\ \text{m/s}^2。$$

即加速度的大小为 10 m/s²，a 取负值表示加速度的方向与初速度的方向相反。

1.5.2　从 v-t 图像看加速度

通过 v-t 图像不仅可以了解物体运动的速度随时间变化的情况，还可以知道物体的加速度。

【思考】图 1.5.3 所示是 a，b 两个物体运动的 v-t 图像。试分析这两个物体运动的加速度哪个大？为什么？

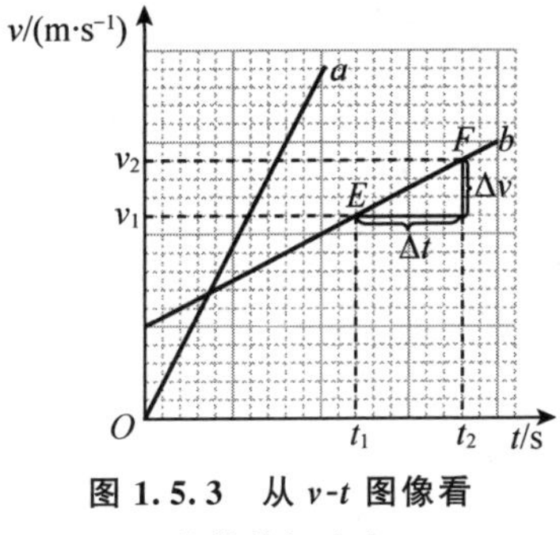

图 1.5.3　从 v-t 图像看物体的加速度

图中 E，F 两点分别表示物体在 t_1，t_2 时刻的速度 v_1，v_2。从图中可以看出，小三角形的一条直角边代表时间间隔 Δt，另一条直角边代表速度的变化量 Δv。因此，从曲线的倾斜程度就能判断加速度的大小，比值$\frac{\Delta v}{\Delta t}$就是加速度的数值。

练习

1. 关于速度和加速度的关系，下列说法正确的是(　　)。

A. 速度变化越快，加速度就越大

B. 速度变化量的方向为正，加速度方向可能为负

C. 加速度方向保持不变时，速度方向也保持不变

D. 速度变化得越少，加速度就越小

2. 有没有符合下列说法的实例？若有，请举例说明。

(1)物体运动的加速度等于0，而速度却不等于0。

(2)两物体相比，一个物体的速度变化量比较大，而加速度却比较小。

(3)物体具有向东的加速度，而速度方向却向西。

(4)物体运动速度越来越大，但加速度越来越小。

3. 在平直轨道上做加速运动的火车，在40 s内的速度从10 m/s增加到20 m/s，求火车速度的变化量和加速度。

4. 一辆汽车以72 km/h的速度在平直公路上行驶，司机突然发现前方公路上有一只小鹿，于是立即刹车，汽车在5 s内停了下来，使小鹿免受伤害。试求汽车刹车过程中的加速度。

5. 如图1.5.4所示为某物体做直线运动的v-t图像，试求0至2 s、2 s至4 s、4 s至6 s各段的加速度，并分析各时间段内的运动性质。

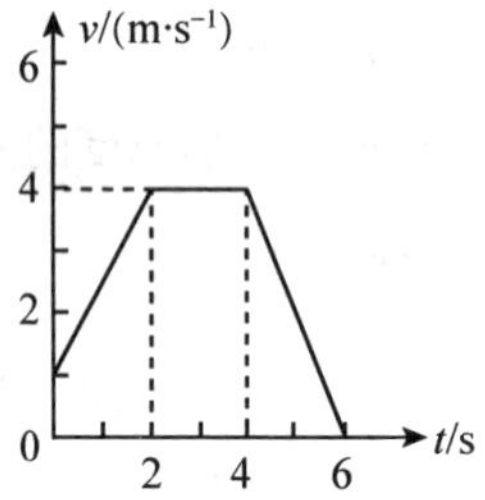

图1.5.4

本章小结

- 运动的描述
  - 质点
    - 定义：用来代替物体的有质量的点。
    - 看作质点的条件：物体的大小和形状与所研究问题无关或影响可忽略不计。
    - 物理意义：质点是一个有质量无大小的点，是一种理想化模型，实际上并不存在。
  - 时间和空间
    - 时间和时刻
      - 时间：两个时刻之间的间隔。
      - 时刻：指某一瞬间。
    - 参考系：在描述一个物体的运动时，被选作参考的另外的物体。
    - 坐标系：建立坐标系后，可定量地描述物体的位置。
  - 描述运动的物理量
    - 位移：表示物体位置改变的物理量，用从初位置到末位置的有向线段表示，是矢量。
    - 速度
      - 物理意义：描述物体位置变化的快慢。
      - 分类
        - 平均速度：$\bar{v}=\dfrac{\Delta x}{\Delta t}$，方向与位移方向相同。
        - 瞬时速度：当$\Delta t\to 0$时，$v=\dfrac{\Delta x}{\Delta t}$，方向为那一时刻的运动方向。
      - 与速率的区别和联系
        - 速度是矢量，而速率是标量。
        - 平均速度 = $\dfrac{位移}{时间}$，平均速率 = $\dfrac{路程}{时间}$。
        - 瞬时速度的大小=速率。
    - 加速度
      - 物理意义：表示物体速度变化的快慢。
      - 定义式为$a=\dfrac{\Delta v}{\Delta t}$，单位是 m/s^2，加速度是矢量。
      - 方向：与速度变化量的方向相同。
  - 打点计时器测速度
    - 两种计时器
      - 电磁打点计时器。
      - 电火花打点计时器。
    - 根据纸上点迹的疏密判断运动情况。
    - 求两点间的平均速度：$v=\dfrac{\Delta x}{\Delta t}$。
    - 粗略求瞬时速度：当 Δt 取很小的值时，瞬时速度约等于平均速度。

习题一

1. 下列所研究的物体，可看作质点的是(　　)。

A. 天文学家研究地球的自转

B. 用 GPS 确定远洋海轮在大海中的位置

C. 教练员对短跑运动员的起跑动作进行指导

D. 花样滑冰运动员正在表演冰上舞蹈动作

2. 诗句“满眼风波多闪烁，看山恰似走来迎，仔细看山山不动，是船行”中，“看山恰似走来迎”和“是船行”所选的参考系分别是(　　)。

A. 船和河岸　　B. 流水和船　　C. 地面和山　　D. 河岸和流水

3. 以下的计时数据指时间的是(　　)。

A. 北京时间 2016 年 8 月 6 日 07：00 巴西里约奥运会正式开幕

B. 国际田径室内赛纽约站男子 60 米比赛中，中国短跑名将苏炳添以 6 秒 62 夺得银牌

C. 某同学百米赛跑时在 14 s 末冲过终点线

D. 开往北京的动车于 18：02 从济南站发车

4. 小明从 A 点开始晨跑，其运动轨迹如图所示，其中 BC 为一半圆，当到达 C 点时，其运动的路程和位移分别是(　　)。

A. 500 m，500 m

B. 500 m，0

C. 500 m，314 m

D. 614 m，500 m

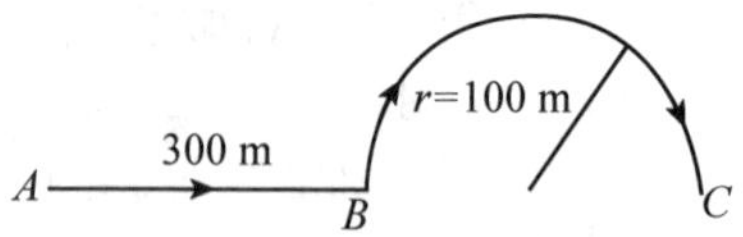

第 4 题图

5. 下列各组选项中的物理量都是矢量的是(　　)。

A. 速度、加速度、路程

B. 位移、加速度、速率

C. 速度、位移、加速度

D. 瞬时速度、加速度、时间

6. (多选)下列描述的几个速度中，属于瞬时速度的是(　　)。

A. 百米赛跑的运动员以 9.5 m/s 的速度冲过终点线

B. 信号沿动物神经传播的速度大约为 102 m/s

C. 汽车上速度表的示数为 80 km/h

D. 台风以 36 m/s 的速度向东北方向移动

7. 关于速度、速度变化、加速度，说法正确的是(　　)。

A. 加速度越大，速度改变一定越大

B. 加速度改变，速度可能不变

C. 物体的速度变化越快，加速度越大

D. 物体做直线运动时，若相等时间内的位移越来越小，则加速度一定减小

8.（多选）某物体运动的速度图像如图所示，根据图像可知（　　）。

A. 0～2 s 内的加速度为 1 m/s^2

B. 0～5 s 内的位移为 10 m

C. 第 1 s 末与第 5 s 末的速度方向相同

D. 第 1 s 末与第 3 s 末加速度方向相同

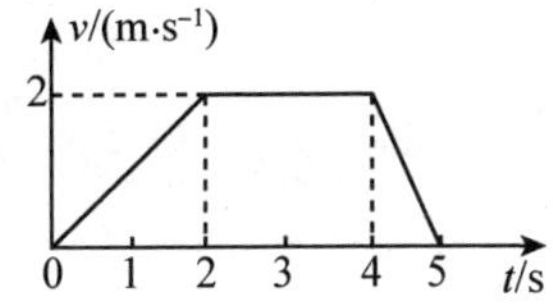

第 8 题图

9. 一辆汽车从原点 O 由静止出发沿 x 轴做直线运动，为研究汽车的运动而记下的各时刻的位置和速度见下表，根据表中内容回答下列问题。

(1)汽车在第 2 s 末的瞬时速度为多大？

(2)汽车在前 3 s 的加速度为多大？

(3)汽车在第 4 s 内的平均速度为多大？

时刻 t/s	0	1	2	3	4	5	6	7
位置坐标 x/m	0	0.5	2	4.5	8	12	16	20
瞬时速度 $v/(m \cdot s^{-1})$	1	2	3	4	4	4	4	4

10. 如图所示是一位同学用手拉动纸带通过电磁打点计时器打出的一条纸带，在纸带旁边附着一把毫米刻度尺，电磁打点计时器每隔 0.02 s 打一个点。根据纸带上点的排列情况可判定，手拉动纸带时，手的运动速度怎样变化____________；由 A 到 C 这段距离上手运动的平均速度为________ m/s，打 C 点时手拉动纸带的速度约为________ m/s。

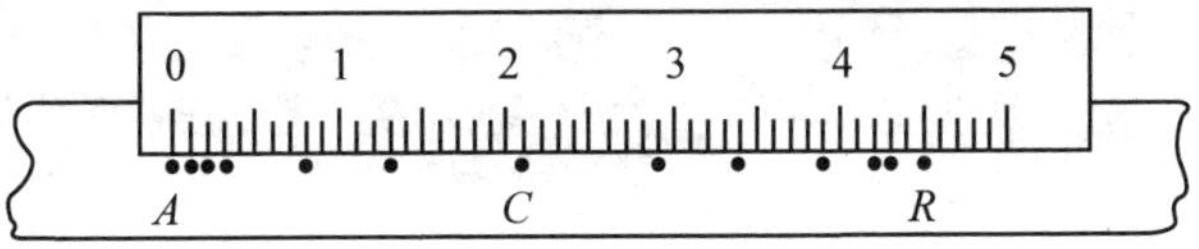

第 10 题图

11. 小丽先向北走了 40 m，耗时 10 s，随即又向东行走了 30 m，耗时也是 10 s。求整个过程内的平均速度。($\sin 37°=0.6$，$\cos 37°=0.8$)

12. 某汽车做变速直线运动，10 s 内速度从 5 m/s 均匀增加到 25 m/s，求汽车在这段运动中的加速度大小和方向；如果遇到紧急情况刹车，2 s 内速度均匀减少到零，求这个过程中加速度的大小和方向。

第二章　探究匀变速直线运动的规律

物体的运动构成了美丽而丰富的自然世界，机械运动是自然界中最简单、最基本的运动形态，那么机械运动中的各种运动有什么特点？怎样才能弄清楚复杂的运动？有没有可能用一些简单的运动去理解它们？

汽车的启动和停止是我们生活中常见的机械运动，那么，汽车在启动与停止的过程中做怎样的运动？这种运动有什么特点？本章我们将通过探究匀变速直线运动，解析匀变速直线运动的基本规律，为探究复杂的运动规律打下基础。

2.1　匀变速直线运动速度和时间的关系

在直线运动中，速度不随时间变化的运动叫匀速直线运动，速度随时间均匀变化的运动叫作**匀变速直线运动**。生活中的汽车、火车等交通工具在启动和刹车阶段的运动、小车在斜面上的运动等都可以看作是匀变速直线运动。

2.1.1　速度与时间的关系式

由于匀变速直线运动是速度随时间均匀变化的运动，也就是加速度不为零且不变的运动，即当物体在$t_1=0$ 时刻的速度为v_0，经过一段时间 $\Delta t=t$ 后速度变为 v，根据加速度的定义式可以得到：

$$a=\frac{\Delta v}{\Delta t}=\frac{v-v_0}{t}。$$

则匀变速直线运动速度和时间的关系式可以表示为：

$$v=v_0+at。$$

由于加速度 a 在数值上等于单位时间内速度的变化量，所以 at 就是整个运动过程中速度的变化量，再加上运动开始时物体的速度 v_0，就得到 t 时刻物体的速度 v。

【例题 1】如图 2.1.1 所示，某汽车以 10 m/s 的初速度在路面上加速行驶，加速度大小是 4 m/s^2，求汽车加速 6 s 末的速度。

图 2.1.1

解：以初速度$v_0=10$ m/s 的方向为正方向，加速度 $a=4$ m/s^2，时间 $t=$ 6 s，则 6 s 末的速度为：

$$\begin{aligned} v &= v_0+at \\ &=10\ \text{m/s}+4\ \text{m/s}^2\times 6\ \text{s} \\ &=34\ \text{m/s}。\end{aligned}$$

即 6 s 末的速度为 34 m/s。

【例题 2】某汽车以 12 m/s 的速度在路面上匀速行驶，前方出现紧急情况需刹车，加速度大小是 3 m/s^2，求刹车 5 s 末的速度。

分析：我们研究的是汽车刹车问题。汽车在刹车过程中做匀减速直线运动，加速度大小是 3 m/s^2。由于是减速运动，加速度方向与速度方向相反，取初速度方向为正方向，则汽车加速度取负号，即 $a=-3\ m/s^2$。题目要求汽车 5 s 末的速度，若直接将 $t=5$ s 代入 $v=v_0+at$ 可求出 $v=-3$ m/s，与实际不符，故应该先求出汽车刹车后到速度为零所用的时间，再求汽车 5 s 末的速度。

解：以初速度$v_0=12$ m/s 的方向为正方向，加速度 $a=-3\ m/s^2$，设 t 时刻汽车速度减为零，则有：

$$v=v_0+at,$$

即 $0=12\ m/s+(-3\ m/s^2)t$，

解得 $t=4$ s，

即 4 s 末汽车已刹车完毕，所以 5 s 末时汽车处于静止状态，即速度为零。

2.1.2 匀变速直线运动的 v-t 图像

在前面的章节中我们已经知道匀速直线运动的 v-t 图像是一条平行于横轴的直线，那么匀变速直线运动 v-t 图像是怎样的呢？由公式 $v=v_0+at$ 可以知道，v 是 t 的一次函数，对应的 v-t 图像应该是一条倾斜的直线。如图 2.1.2(a)所示，当 $v>v_0$时，$a=\frac{\Delta v}{\Delta t}>0$，$a$ 为正值，a 与v_0方向相同，速度随时间增加，物体做加速运动；如图 2.1.2(b)所示，当 $v<v_0$时，$a=\frac{\Delta v}{\Delta t}<0$，$a$ 为负值，a 与v_0方向相反，速度随时间减小，物体做减速运动。

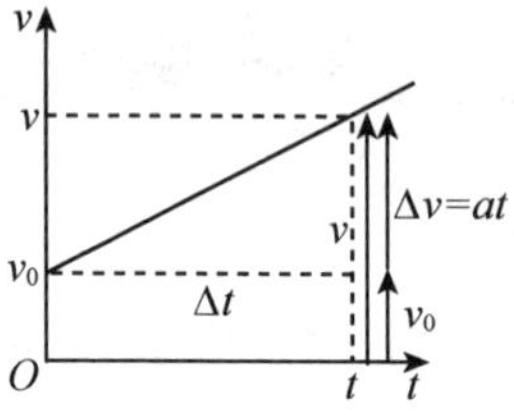

（a）匀加速直线运动

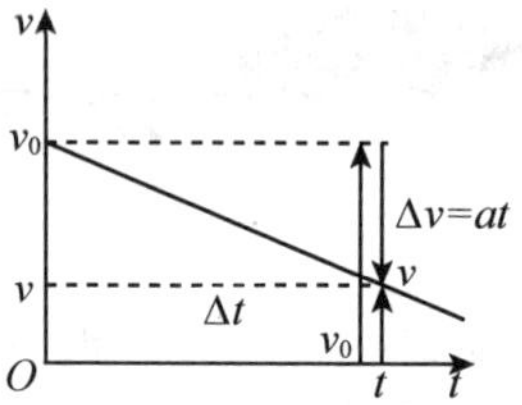

（b）匀减速直线运动

图 2.1.2

【思考】图 2.1.3 是一个物体运动的 v-t 图像。它的速度怎样变化？在相等的时间间隔内，即 $\Delta t'=\Delta t$ 时，速度的变化量 $\Delta v'$和 Δv 总是相等的吗？物体在做匀变速运动吗？

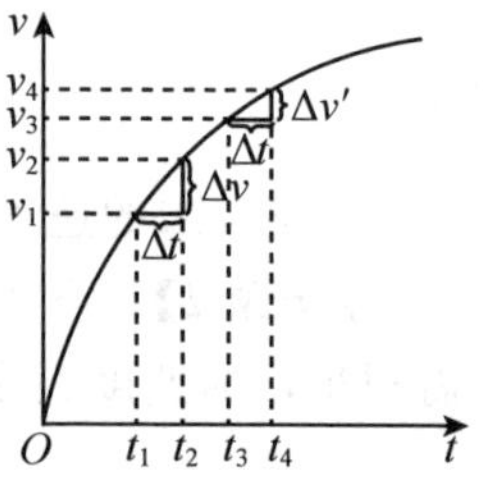

图 2.1.3

练习

1. 一个物体以 2 m/s 的速度从斜坡开始滑下做匀加

速运动，加速度为 1 m/s^2。求物体第 3 s 末的速度大小。

2. 汽车在平直的公路上以 10 m/s 的速度做匀速直线运动，发现前面有情况而刹车，获得的加速度大小为 2 m/s^2，求汽车刹车 3 s 末的速度大小。

3. 一质点从静止开始以 1 m/s^2 的加速度匀加速运动，经 5 s 后做匀速运动，最后 2 s 质点做匀减速运动直至静止，则质点匀速运动时的速度是多大？减速运动时的加速度是多大？

4. 火车沿平直铁轨匀加速前进，通过某一路标时的速度为 10.8 km/h，1 min 后变为 54 km/h，还需要经过多长时间，火车的速度才能达到 64.8 km/h？

5. 飞机着陆后以 6 m/s^2 的加速度做匀减速直线运动，若其着陆时初速度为 60 m/s，求着陆后 5 s 末的速度。

6. 某物体以 10 m/s 的初速度出发，并以 2 m/s^2 的加速度做匀加速直线运动，当速度大小变为 16 m/s 时所需时间是多少？

7. 质点做直线运动的 v-t 图像如图 2.1.4 所示，则(　　)。

A. 在前 4 s 内质点做匀变速直线运动

B. 在 1～3 s 内质点做匀变速直线运动

C. 3 s 末的速度大小为 5 m/s

D. 2～3 s 内与 3～4 s 内质点的速度方向相反

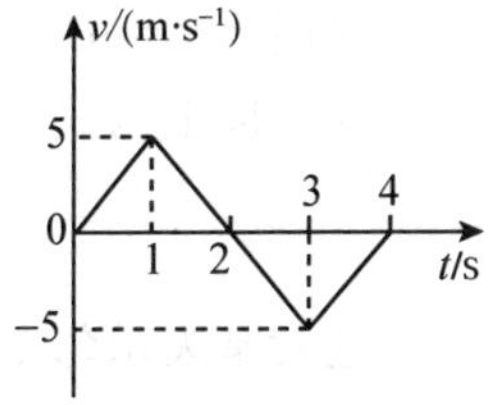

图 2.1.4

2.2　匀变速直线运动位移和时间的关系

2.2.1　匀变速直线运动的位移

如图 2.2.1 所示，匀速直线运动的 v-t 图像是一条平行于横轴的直线，从图中可以知道，做匀速直线运动的物体在时间 t 内的位移可以表示为 $x=vt$，而图中着色矩形的边长是 v 和 t，矩形的面积正好是 vt。由此可见，匀速直线运动的位移对应着 v-t 图线与 t 轴所夹的矩形面积。那么，匀变速直线运动的位移与它的 v-t 图像，是否也有类似的关系？

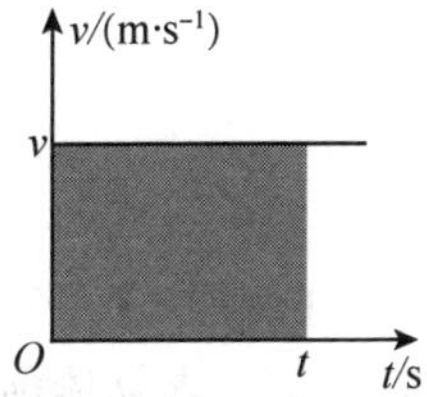

图 2.2.1　匀速直线运动的 v-t 图像

【讨论】某物体做匀变速直线运动的 v-t 图像如图 2.2.2(a)所示。已知物体在 0 时刻的速度为 v_0，在 t 时刻的速度为 v，加速度为 a，怎么求 t 时间内物体的位移？

根据前面的分析，我们知道，匀速直线运动的位移在数值上等于 v-t 图线

与 t 轴所夹的矩形面积。若我们将匀变速直线运动分成几个小段，如分为 4 个小段，即 $\frac{1}{4}t$ 算一小段，那么在 v-t 图中，每两个位置间的位移，近似等于以 $\frac{1}{4}t$ 为底，以速度为高的又细又高的矩形的面积，四个矩形的面积之和就可以粗略地表示整个运动过程的位移，如图 2.2.2(b)所示。若将运动分得更细，如分为 8 个小段[图 2.2.2(c)]，各位置之间的间隔更小一些，这些矩形面积之和就更能比较精确地代表整个运动的位移。由此可见，如果时间分得非常细的时候[图 2.2.2(d)]，小矩形的个数就极多，它们的面积之和就可以精确地代表物体整个运动的位移，即图中阴影部分的面积在数值上等于物体的位移，即

$$x=\frac{v_0+v}{2}t。$$

又因为 $v=v_0+at$。

联立以上两式可得：

$$x=v_0t+\frac{1}{2}at^2。$$

这就是表示匀变速直线运动位移和时间关系的公式。

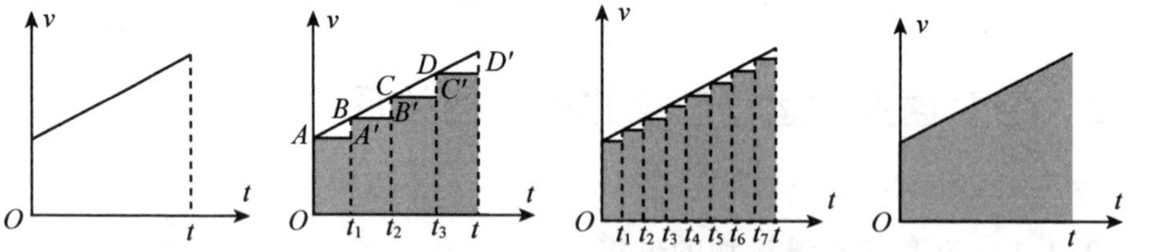

（a）物体做匀变速直线运动的 v-t 图像

（b）每一个 Δt 时间内的位移的数值等于这一矩形的面积

（c）若 Δt 取的更小，则“台阶”数更多，Δt 时间内的位移的数值等于矩形的面积

（d）当 $\Delta t\to 0$ 时，“台阶”形的折线变为一条直线，图中梯形的面积就等于匀变速直线运动位移的数值

图 2.2.2

【例题 1】一个物体以 3 m/s 的速度从斜坡上滑下做匀加速运动，加速度为 2 $\mathrm{m/s^2}$，求物体前 4 s 的位移大小。

分析：物体从斜坡开始往下滑的过程是做匀加速直线运动的过程，加速度方向与速度方向一致，以物体初速度 v_0 的方向为正方向，则物体加速度取正号，即 $a=2\ \mathrm{m/s^2}$，历时 4 s，待求的量是前 4 s 的位移。

解：将已知量代入 $x=v_0t+\frac{1}{2}at^2$ 可得

$$x=3\ \mathrm{m/s}\times 4\ \mathrm{s}+\frac{1}{2}\times 2\ \mathrm{m/s^2}\times(4\ \mathrm{s})^2=28\ \mathrm{m}。$$

物体前 4 s 的位移大小为 28 m。

【例题 2】物体做匀变速直线运动的初速度为v_0，末速度为v_t，试证明：该物体在某段时间 t 的中间时刻的瞬时速度等于这段时间内的平均速度，即

$$v_{\frac{t}{2}}=\bar{v}=\frac{v_0+v_t}{2}。$$

证明：物体运动的示意图如图 2.2.3 所示，设中间时刻的速度为$v_{\frac{t}{2}}$，由于物体做匀变速直线运动，则由公式 $v=v_0+at$ 知：

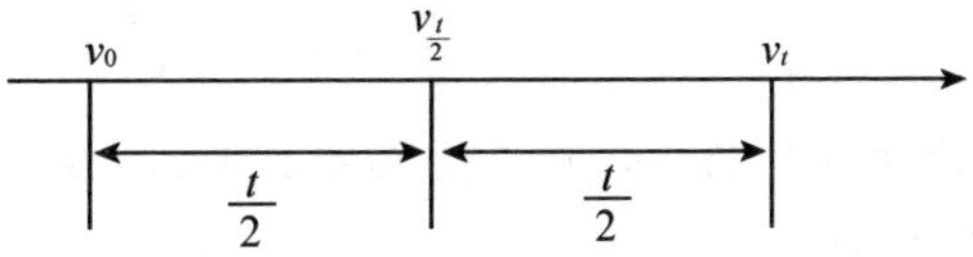

图 2.2.3

$0\sim\frac{t}{2}$时间段内，$v_{\frac{t}{2}}=v_0+a\cdot\frac{t}{2}$。　①

$0\sim t$ 时间段内，$v_t=v_0+a\cdot t$。　②

联立①②两式可得$v_{\frac{t}{2}}=\frac{v_0+v_t}{2}$。

由于匀变速直线运动的速度是均匀变化的，故

$$\bar{v}=\frac{v_0+v_t}{2}。$$

所以$v_{\frac{t}{2}}=\bar{v}=\frac{v_0+v_t}{2}$。

2.2.2　匀变速直线运动的位移-时间图像

前面我们已经学了用图像表示速度随时间变化的规律，同样，我们可以用图像表示位移随时间变化的规律，这种用来表示位移随时间变化关系的图像叫位移-时间图像，即 x-t 图像。

以位移(x)为纵坐标，以时间(t)为横坐标，建立一个平面直角坐标系。在平面坐标上用点标出物体在不同时刻相对于 $t=0$ 时刻的位移 x，并用平滑的线连接这些点，这样就形成了物体运动的 x-t 图像。图 2.2.4(a)所示为 b 物体做匀速直线运动的 x-t 图像，图 2.2.4(b)所示为 c 物体做匀变速直线运动的 x-t 图像。

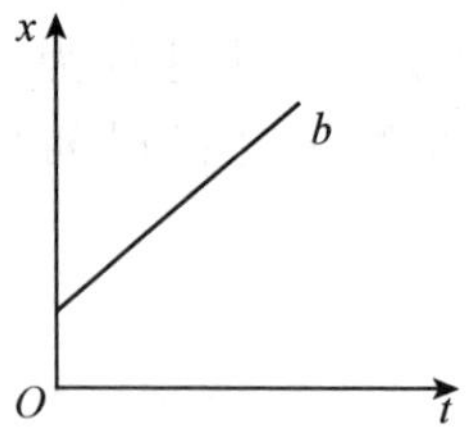

（a）匀速直线运动的x-t图像

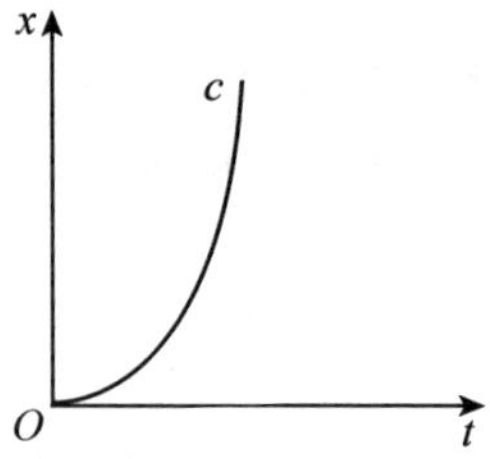

（b）匀变速直线运动的x-t图像

图 2.2.4

练习

1. 做匀加速直线运动的物体，初速度$v_0=2$ m/s，当$t=2$ s时，物体的位移$x=8$ m，求物体的加速度。

2. 骑自行车的人以5 m/s的初速度匀减速地上一个斜坡，加速度的大小为0.4 m/s^2，斜坡长30 m，骑自行车的人通过斜坡需要多长时间？

3. 在平直公路上，一汽车的速度为15 m/s。从某时刻开始刹车，在阻力作用下，汽车以大小为2 m/s^{2}的加速度运动，问刹车后10 s末汽车离开始刹车点多远？

4. 一个做匀加速直线运动的物体，在开始的4 s内经过的位移为24 m，在第二个4 s内经过的位移是60 m。求这个物体的加速度和初速度。

5. 如图2.2.5所示是做直线运动的甲、乙两物体相对于同一参考系的x-t图像，下列说法错误的是(　　)。

A. 甲启动的时刻比乙早t_1

B. 当$t=t_2$时，两物体相遇

C. 当$t=t_2$时，两物体相距最远

D. 当$t=t_3$时，两物体相距x_0

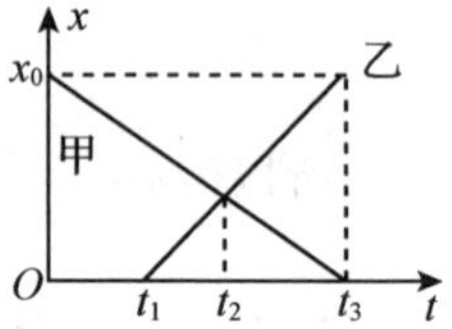

图 2.2.5

6. a，b，c三个物体运动的位移-时间图像如图2.2.6所示，根据图像提供的信息可知，做匀速直线运动的是________物体，做匀加速直线运动的是________物体(填“a”“b”或者“c”)。

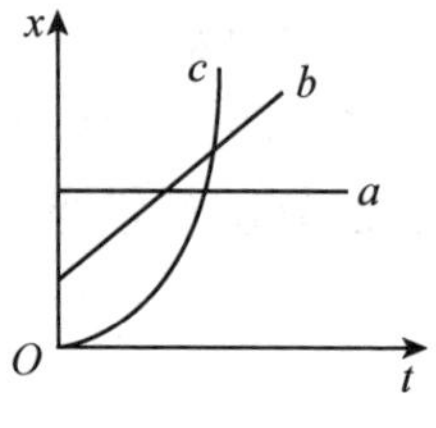

图 2.2.6

2.3　匀变速直线运动速度和位移的关系

在前面两节中，我们已经学习了速度和时间的关系式、位移和时间的关系式。

速度和时间的关系式：$v=v_0+at$。

位移和时间的关系式：$x=v_0t+\frac{1}{2}at^2$。

通过观察可以知道，这两个式子中都含有时间 t，若联立两式将时间 t 消去，则得到：

$$v^2-v_0^2=2ax。$$

这就是表示匀变速直线运动速度和位移关系的公式，在实际应用中，使用速度和位移的关系式会使计算过程更简单。

【例题 1】通过测试得知某型号的卡车在某种路面上急刹车时加速度大小是 5 m/s²。如果要求它在这种路面上行驶时在 22.5 m 内必须停下，它的行驶速度不能超过多少？

分析：卡车在开始刹车到停止运动的这个过程中做匀减速直线运动，加速度方向与速度方向相反，以卡车运动方向为正方向，则物体加速度取负号，加速度大小是 5 m/s²，所以加速度为 $a=-5\ \text{m/s}^2$。整个过程卡车发生的位移为 22.5 m，末速度为 0，初速度为所求的最大允许速度。

解：根据 $v^2-v_0^2=2ax$ 可得

$$v_0=\sqrt{v^2-2ax}。$$

把已知数值代入上式得

$$v_0=\sqrt{(0)^2-2(-5\ \text{m/s}^2)\times 22.5\ \text{m}}=15\ \text{m/s}。$$

卡车的行驶速度不能超过 15 m/s。

【例题 2】长 100 m 的列车匀加速通过长 1 000 m 的隧道，列车刚进隧道时的速度是 10 m/s，完全出隧道时的速度是 12 m/s，求：

(1)列车通过隧道时的加速度是多大？

(2)列车通过隧道所用的时间是多少？

分析：研究的对象是列车，列车的长度为 100 m，相对于隧道的长度 1 000 m 不可忽略，所以列车完全通过隧道发生的位移为 $x=100\ \text{m}+1\ 000\ \text{m}=1\ 100\ \text{m}$。列车通过隧道的过程做匀加速直线运动，可利用匀变速直线运动规律求解列车通过隧道时的加速度。

解：(1)取列车初速度 $v_0=10\ \text{m/s}$ 的方向为正方向，由题意知 $x=1\ 100\ \text{m}$，$v_0=10\ \text{m/s}$，$v=12\ \text{m/s}$，根据 $v^2-v_0^2=2ax$ 可得

$$a=\frac{v^2-v_0^2}{2x}。$$

把已知数值代入上式得

$$a=\frac{(12\ \mathrm{m/s})^2-(10\ \mathrm{m/s})^2}{2\times1100\ \mathrm{m}}=0.02\ \mathrm{m/s^2}。$$

(2)由 $v=v_0+at$ 得

$$t=\frac{v-v_0}{a}=\frac{(12-10)\mathrm{m/s}}{0.02\ \mathrm{m/s^2}}=100\ \mathrm{s}。$$

练习

1. 一物体从斜面顶端由静止开始匀加速下滑，经过斜面中点时速度为 2 m/s，则物体到达斜面底端时的速度为(　　)。

A. 3 m/s　　B. 4 m/s　　C. 6 m/s　　D. $2\sqrt{2}$ m/s

2. (多选)物体做初速度为零的匀加速直线运动，第 1 s 内的位移大小为 5 m，则该物体(　　)。

A. 头 3 s 内的平均速度大小为 15 m/s　　B. 3 s 末速度的大小为 30 m/s

C. 每秒速度变化 10 m/s　　D. 第 3 s 内位移大小为 45 m

3. 某飞机着陆时的速度是 216 km/h，随后匀减速滑行，加速度的大小是 2 $\mathrm{m/s^2}$。机场的跑道至少要多长才能使飞机安全地停下来？

4. 火车在通过桥梁、隧道的时候，要提前减速。一列以 72 km/h 的速度行驶的火车在驶近一座石拱桥时做匀减速运动，减速行驶了 2 min，加速度的大小是 0.1 $\mathrm{m/s^2}$，火车减速后的速度是多大？

5. 一物体由静止沿光滑斜面匀加速下滑距离为 l 时，速度为 v，当它的速度是 $v/2$ 时，它沿斜面下滑的距离是多少？

6. 列车关闭发动机进站，做匀减速直线运动，当滑行 300 m 时，速度减为一半，又滑行 20 s 停下。求：

(1)列车滑行的总路程。

(2)关闭发动机时列车的速度。

7. 一辆汽车做匀减速直线运动，初速度为 15 m/s，加速度大小为 3 $\mathrm{m/s^2}$，求：

(1)汽车 3 s 末速度的大小。

(2)汽车 2 s 内和第 2 s 内的位移。

2.4　对自由落体运动的研究

在生活中，我们经常看到物体从高处往下落，如熟透的苹果从树上坠落、手中释放的石头自由落下、树叶飘然落下……这些物体都在重力的作用下往下落。不同的物体，下落的快慢是否一样呢?

2.4.1　伽利略对自由落体运动的研究

落体运动是我们生活中常见的运动，是什么因素决定物体下落的快慢呢?平常观察到的现象是：重量大的物体比重量小的物体下落得快，如一块石头比一片树叶下落得快。因此亚里士多德认为物体下落的快慢是由他们的重量决定的。

16世纪末，意大利物理学家伽利略对亚里士多德的观点提出了质疑，他提出：把轻重不同的两个物体连在一起让它们下落，与单独一个物体下落比较，是变快了还是变慢了呢?

伽利略认为，如果亚里士多德的观点是正确的，两个重量不相同的物体连在一起时，由于原来各自的速度不相同两个物体受到牵制，那么它们连在一起后的速度应该以某个中间速度下落；但是两个物体又连在一起，重量肯定比原来的单个物体更大一些，下落的速度应该比原来重量大的物体的速度更大。显然，同样一个问题，得到了两个相互矛盾的结论。

为了寻找落体运动的规律，伽利略进行了反复思考，并通过数学运算得出结论：如果物体的初速度为0，而且速度随时间的变化是均匀的，即 $v \propto t$，它通过的位移就与所用时间的二次方成正比，即 $x \propto t^2$。由于当时计时技术的限制，为了对这个结论进行检验，伽利略采用了间接实验的方法：他让一个黄铜小球从阻力很小的斜槽上滚下，并用水钟测定时间。上百次的实验结果表明，小球沿斜面滚下的运动的确是匀加速直线运动，换用不同质量的小球，从不同高度开始滚动，只要斜面的倾角一定，小球的加速度都是相同的。

在斜面实验的基础上，伽利略设想：在逐渐将斜面的倾角增大至90°的过程中，小球沿斜面滚下的运动越来越接近自由落体运动，而且小球的运动应当一直满足距离与时间的平方成正比的关系(图2.4.1)。伽利略还通过多方论证，说明他提出的假设是正确的。

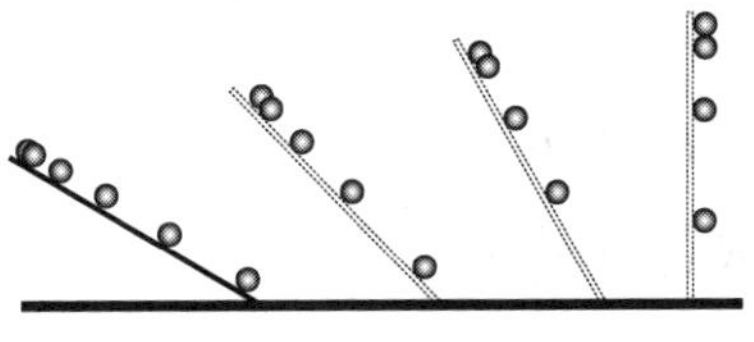

图2.4.1　伽利略设想，斜面的倾角增大至90°，小球沿斜面滚下的运动越来越接近自由落体运动

2.4.2 自由落体运动

在物理学中，将物体只在重力作用下从静止开始下落的运动，叫作**自由落体运动**。这种运动只在没有空气阻力的情况下才会发生，如果存在空气阻力，当物体所受空气阻力与重力相比，可以忽略不计时，也可以近似看作是做自由落体运动。

伽利略当年由于实验条件限制，无法直接对自由落体运动进行实验研究，而今天即使在中学实验室里，也已经具备足够的条件验证自由落体运动的规律。使用不同的物体进行反复实验表明，在同一个地点，一切物体自由下落的加速度都相同，这个加速度称为**自由落体加速度**，也称为**重力加速度**，通常用 g 来表示。

重力加速度的方向始终竖直向下，其大小可以通过实验测定。精确的实验表明，地球上不同地方的重力加速度是不相同的，其大小跟所处位置的纬度和海拔有关，纬度升高，重力加速度增大；海拔增加，重力加速度减小。

表 2.4.1 中列出了部分地点的自由落体加速度 g 的值。通常的计算中一般取 $g=9.8\ \mathrm{m/s^2}$，在粗略的计算中还可以取 $g=10\ \mathrm{m/s^2}$。

表 2.4.1 部分地点的自由落体加速度 g 的值

地点	纬度	重力加速度/($\mathrm{m\cdot s^{-2}}$)	地点	纬度	重力加速度/($\mathrm{m\cdot s^{-2}}$)
赤道	0°	9.780	北京	39°56′	9.801
广州	23°06′	9.788	纽约	40°40′	9.803
武汉	30°12′	9.794	莫斯科	55°45′	9.816
上海	31°06′	9.794	北极	90°	9.832
东京	35°43′	9.798			

自由落体运动是初速度为 0、加速度为 g 的匀加速直线运动，所以匀变速直线运动的基本公式和推论都适用于自由落体运动，只需将其中的 $v_0=0$，$a=g$ 即可，即

速度和时间的关系式：$v=gt$。

位移和时间的关系式：$h=\dfrac{1}{2}gt^2$。

速度和位移的关系式：$v^2=2gh$。

【例题】如图 2.4.2 所示，物体从 H 高处自由落下，当下落到距地面的高度为 $\dfrac{H}{4}$ 时，它的速度为落地时速度的几分之几？

分析：自由落体运动属于初速度为零的匀加速直线运动，其加速度为 g。

解：设物体自由下落到距地面的高度为$\frac{H}{4}$时耗时t，此时物体下落的位移为$\frac{3H}{4}$，设落地时间为T，则

由公式$h=\frac{1}{2}gt^2$得

$$\frac{3H}{4}=\frac{1}{2}gt^2,\ H=\frac{1}{2}gT^2。$$

所以$\frac{t}{T}=\frac{\sqrt{3}}{2}$。

再根据公式$v=gt$得$v_t=gt$，$v_T=gT$。

故$\frac{v_t}{v_T}=\frac{t}{T}=\frac{\sqrt{3}}{2}$。

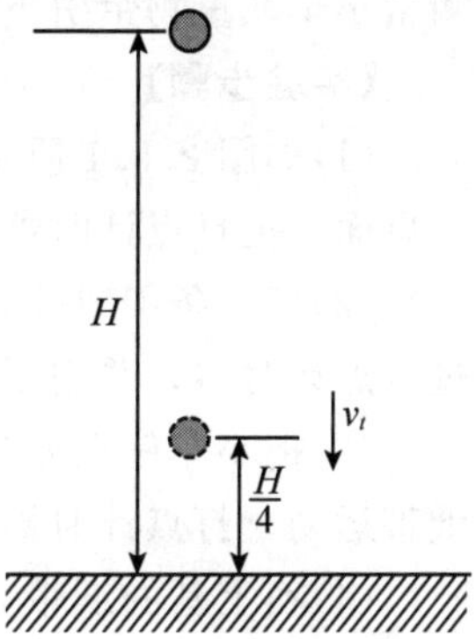

图 2.4.2

练习

1. 把一张纸片和一块文具橡皮同时释放下落，哪个落得快？再把纸片捏成一个很紧的小纸团，和橡皮同时释放，下落快慢有什么变化？怎样解释这个现象？

2.（多选）以下对物体做自由落体运动的说法中正确的是（　　）。

A. 物体开始下落时，速度为零，加速度也为零

B. 物体下落过程中速度增加，加速度保持不变

C. 物体下落过程中，速度和加速度同时增大

D. 物体下落过程中，速度的变化率是个恒量

3. 如图 2.4.3 所示，把一直杆 AB 自然下垂地悬挂在天花板上，放开后直杆做自由落体运动，已知直杆通过 A 点下方 3.2 m 处一点 C 历时 0.5 s，求直杆的长度是多少？（不计空气阻力，$g=10\ \text{m/s}^2$）

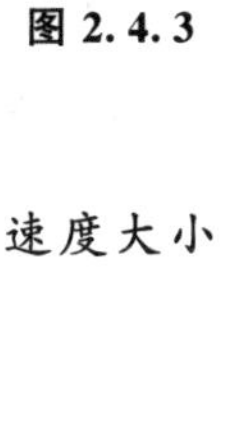

图 2.4.3

4. 一个物体从塔顶由静止开始自由下落（不计空气阻力），经过 30 s 到达地面，已知当地的重力加速度 g 取 $10\ \text{m/s}^2$。求：

（1）塔顶离地面的高度是多少？

（2）物体到达地面时的速度是多少？

5. 一石块从地面上方高 H 处自由落下，不计空气阻力，当它的速度大小等于着地时速度的一半时，石块下落的高度是多少？

2.5　实验：测定匀变速直线运动的加速度

在学习了匀变速直线运动的基本公式和推论后，我们可以利用打点计时器

测量小车在重物牵引下的匀变速直线运动的加速度。

【实验步骤】

(1)如图 2.5.1 所示，把附有滑轮的长木板平放在实验桌上，并使滑轮伸出桌面，把打点计时器固定在长木板上没有滑轮的一端，连接好电路。

(2)把一条细绳拴在小车上，使细绳跨过滑轮，下边挂上钩码，把纸带穿过打点计时器，并把纸带的一端固定在小车的后面。

(3)把小车停在靠近打点计时器处，接通电源后，释放小车，让小车拖着纸带运动，打点计时器就在纸带上打下一行小点。

(4)换上新的纸带，重复实验两次。

(5)增减所挂钩码，按以上步骤再做两次实验。

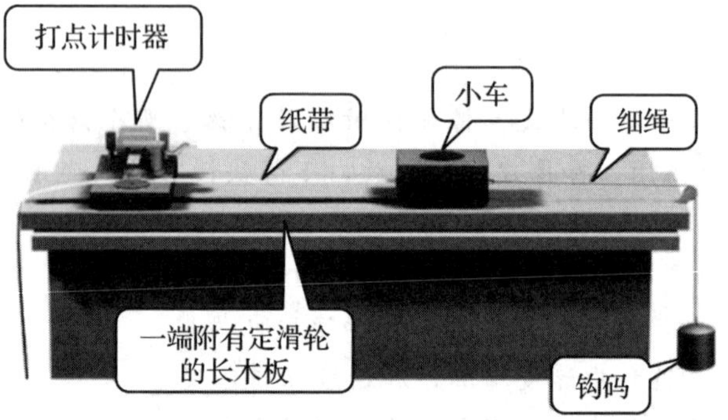

图 2.5.1　测定匀变速直线运动的加速度的实验装置图

【实验数据处理与分析】

(1)从几条纸带中选择一条比较理想的纸带，舍掉开始一些比较密集的点，在后面便于测量的地方找一个点，作为计数始点，以后依次每五个点取一个计数点，并标明 0，1，2，3，4，…，如图 2.5.2 所示。

(2)依次测出 0—1，0—2，0—3，0—4，…之间的距离 x_1，x_2，x_3，x_4，…，填入表 2.5.2 中。

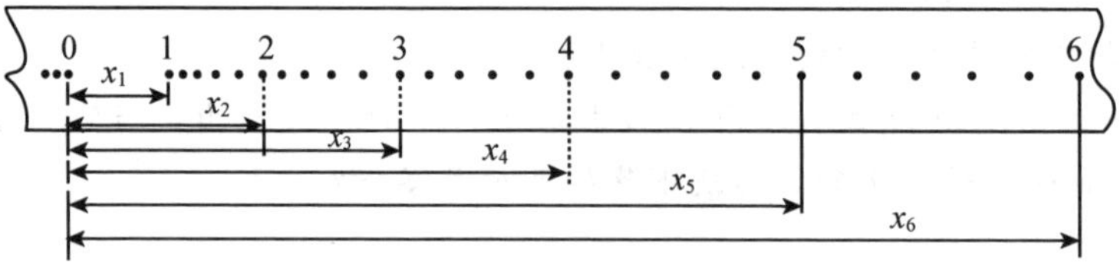

图 2.5.2

(3)小车在 1，2，3，4，…各点的瞬时速度分别为$v_1=\frac{x_2}{2T}$，$v_2=\frac{x_3-x_1}{2T}$，

$v_3=\dfrac{x_4-x_2}{2T}$，$v_4=\dfrac{x_5-x_3}{2T}$，…。将计算得出的各点的速度填入表 2.5.1 中。

表 2.5.1　小车在各点的位置与瞬时速度

位置	1	2	3	4	5	6
长度 x/m	x_1	x_2	x_3	x_4	x_5	x_6
各段长度 x/m	0～2	1～3	2～4	3～5	4～6	
时间间隔 Δt/s						
$v/(\mathrm{m\cdot s^{-1}})$						
$a/(\mathrm{m\cdot s^{-2}})$						

(4)建立直角坐标系，以横轴表示时间，以纵轴表示速度，并根据表 2.5.1 中的数据在坐标系中描点。

(5)画一条直线，让这条直线通过尽可能多的点，不在线上的点均匀分布在直线的两侧，偏差比较大的点忽略不计，如图 2.5.3 所示。

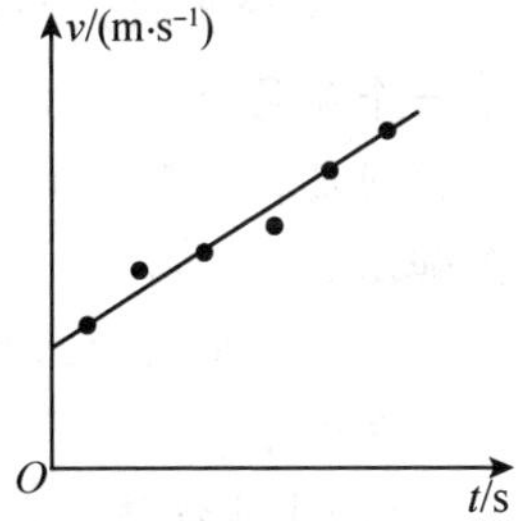

图 2.5.3

(6)据所画 v-t 图像，利用 $a=\dfrac{\Delta v}{\Delta t}=\dfrac{v_2-v_1}{t_2-t_1}$求出小车运动的加速度并填入表 2.5.1 中。

练习

1. 在“探究小车速度随时间变化的规律”实验中，如图 2.5.4 所示为记录小车运动情况的一条纸带，图中 A，B，C，D，E 为相邻的计数点，相邻计数点间的时间间隔 $T=0.1$ s。

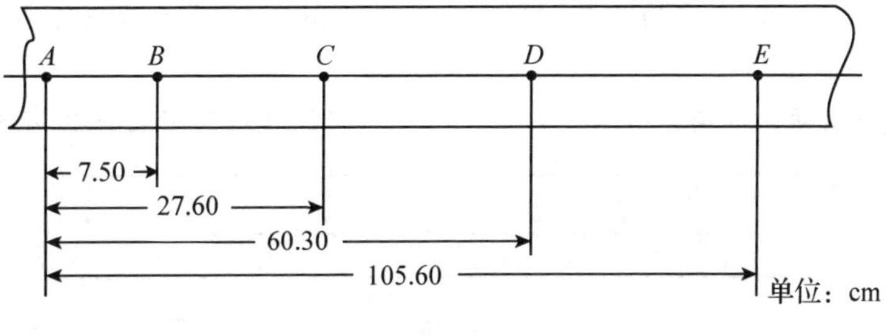

图 2.5.4

(1)计算小车在 D，C，B 各点的瞬时速度。

(2)根据所求小车在 D，C，B 各点的瞬时速度作出小车的 v-t 图像，并根据图像求出小车运动的加速度 a。

2. 在研究匀变速直线运动的实验中，某同学的实验操作如下，其中错误或遗漏的步骤有(遗漏步骤可编上序号 F，G 等)：

A. 拉住纸带，将小车移至靠近打点计时器处放开纸带，再接通电源。

B. 将带有定滑轮的长木板平放在桌上，将打点计时器固定在平板上，并接好电路。

C. 把一条细绳拴在小车上，细绳跨过定滑轮，下面吊着适当重的钩码。

D. 取下纸带。

E. 将纸带固定在小车尾部，并穿过打点计时器的限位孔。

(1)所列步骤中有错误的是：________________________。

(2)遗漏的步骤：________________________。

(3)将以上步骤完善后写出合理的步骤顺序：________________。

3. 某学生利用"研究匀变速直线运动"的实验装置来测量一个质量为 $m=50$ g 的重锤下落时的加速度值。该学生将重锤固定在纸带下端，让纸带穿过电磁打点计时器，实验装置如图 2.5.5 所示。

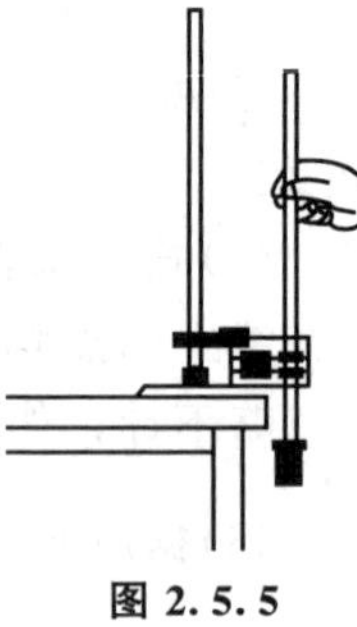

图 2.5.5

以下是该同学正确的实验操作和计算过程，请填写其中的空白部分。

(1)实验操作：先____________，然后____________(填"释放纸带"或"接通电源")，让重锤自由落下，关闭电源。

(2)取下纸带，取其中的一段标出计数点如图 2.5.6 所示(图中两相邻计数点间还有 1 个点没有画出)，测出相邻计数点间的距离分别为 $x_1=2.60$ cm，$x_2=4.14$ cm，$x_3=5.69$ cm，$x_4=7.22$ cm，$x_5=8.75$ cm，$x_6=10.29$ cm，根据以上信息可以得出：

①相邻两计数点间的时间间隔为 $T=$________。

②A 到 G 过程的平均速度 $v_{AG}=$________m/s。(计算结果保留三位有效数字)

③重锤运动的加速度 $a=$________ m/s^2。(计算结果保留三位有效数字)

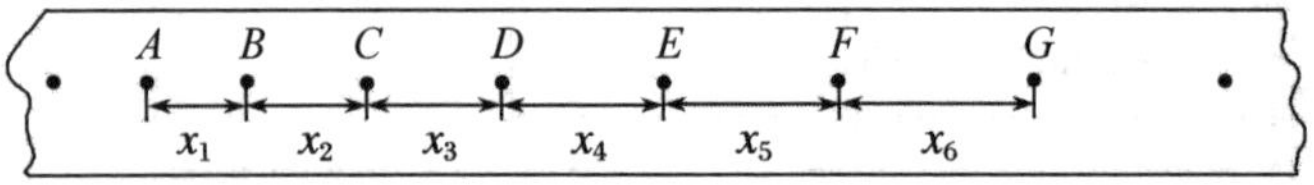

图 2.5.6

本章小结

- 探究匀变速直线运动的规律
  - 匀变速直线运动
    - 特点：沿直线运动；加速度不为零且不变。
    - v-t图像：一条倾斜直线。
    - 分类：匀加速直线运动和匀减速直线运动。
  - 匀变速直线运动的规律
    - $v = v_0 + at$（不涉及位移）。
    - $x = v_0t + \frac{1}{2}at^2$（不涉及末速度）。
    - $v^2 - v_0^2 = 2ax$（不涉及时间）。
  - 自由落体运动
    - 定义：物体只在重力作用下从静止开始下落的运动。
    - 特点：只受重力；$v_0 = 0$。
    - 性质：初速度为零的匀加速直线运动。
    - 重力加速度（g）
      - 大小：$g = 9.8\ \text{m/s}^2$。
      - 方向：竖直向下。
      - 变化特点：随地理纬度的增大而增大，随高度的增大而减小。
    - 规律
      - $v = gt$。
      - $h = \frac{1}{2}gt^2$。
      - $v^2 = 2gh$。

习题二

1. 从车站开出的汽车，做匀加速直线运动，走了 12 s 时，发现还有乘客没上来，于是立即做匀减速运动直至停车。汽车从开出到停止共历时 20 s，行驶了 50 m。求汽车在此过程中的最大速度。

2. 某质点沿直线运动的速度图像如图所示，则下列判断正确的是(　　)。

A. 第 1 s 末运动方向发生改变

B. 第 2 s 末回到出发点

C. 前 3 s 的总位移为 3 m

D. 第 4 s 末回到出发点

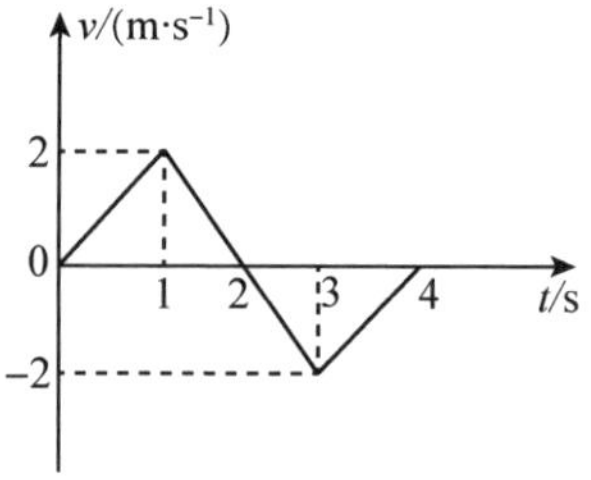

第 2 题图

3. 汽车在平直的公路上以 10 m/s 的速度做匀速直线运动，发现前面有情况而刹车，获得的加速度大小为 2 m/s^2，则：

(1)汽车刹车经 3 s 的速度大小是多少？

(2)汽车刹车经 5 s，10 s 的位移大小各是多少？

4. 某汽车在某路面紧急刹车时，加速度的大小是 6 m/s^2，如果必须在 2 s 内停下来，汽车的行驶速度最高不能超过多少？

5. 由静止开始做匀加速直线运动的汽车，第 1 s 内通过 0.4 m 的位移，求：

(1)汽车在第 1 s 末的速度为多大？

(2)汽车在第 2 s 内通过的位移为多大？

6. 一质点沿一直线运动，先从静止开始以 2.5 m/s^2 的加速度匀加速运动 4 s，接着以该时刻的速度匀速前进 3 s，最后以大小为 10 m/s^2 的加速度匀减速运动直至停止。求质点运动的总位移。

7. 一辆汽车做匀减速直线运动，初速度为 28 m/s，加速度大小为 4 m/s^2，求：

(1)汽车 3 s 末速度的大小。

(2)汽车的速度减为零所经历的时间。

(3)汽车 5 s 内和第 5 s 内的位移。

(4)汽车 10 s 内的位移。

8. 一个物体从离地高 80 m 处的位置由静止开始自由下落(不计空气阻力)，已知当地的重力加速度取 $g=10$ m/s^2。求：

(1)物体到达地面时的速度是多大？

(2)落到地面用了多长时间？

9. 列车关闭发动机进站，做匀减速直线运动，当滑行 300 m 时，速度减为一半，又滑行 20 s 停下来。求：

(1)列车滑行的总位移。

(2)关闭发动机时列车的速度。

10. 水滴由屋檐自由下落，它通过屋檐下高为 1.4 m 的窗户用时 0.2 s，不计空气阻力，g 取 10 m/s^2，求窗户下沿距屋檐的高度。

11. 某同学在“探究小车运动速度随时间变化的规律”的实验中，用打点计时器记录被小车拖动的纸带的运动情况，在纸带上确定出 A，B，C，D，E，F，G 共 7 个计数点，其相邻点间的距离如图(a)所示，每两个相邻的计数点之间的时间间隔为 0.1 s。

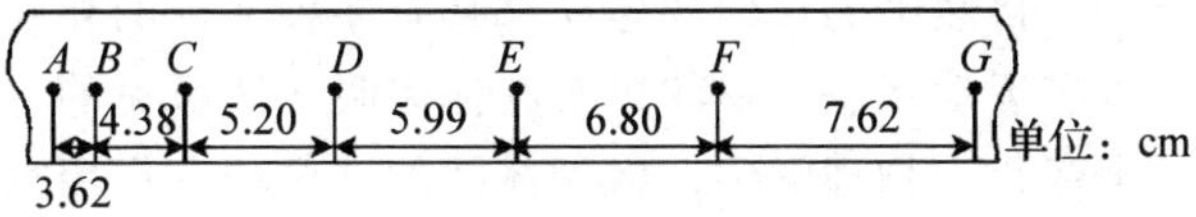

第 11 题图(a)

(1)从纸带上打 A 点的时刻开始计时，将 B，C，D，E，F 各个时刻的瞬时速度标在如图所示的坐标纸上，并画出小车的瞬时速度随时间变化的关系图线。

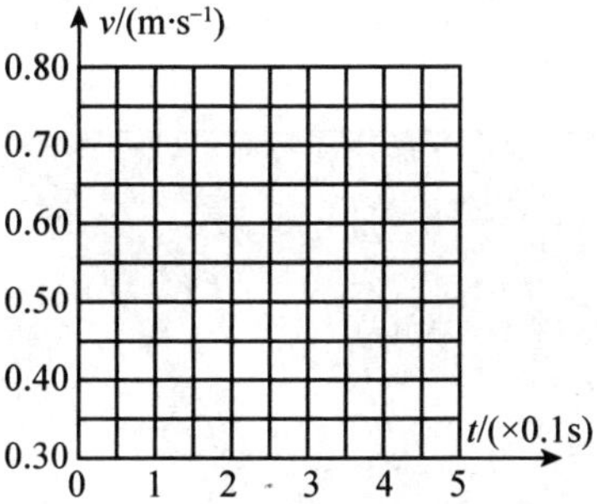

第 11 题图(b)

(2)根据画出的 v-t 图像，求出小车运动的加速度 a。

第三章　物体间的相互作用

自然中的任何物体间都具有多种多样的相互作用，所以物体在运动状态、形状以及其他肉眼无法看见的许多方面不断发生变化。物理学中，将物体间的这些相互作用抽象为力。

人们对力的认识经历了漫长而曲折的过程，通过很多物理学家(如伽利略、笛卡儿、牛顿等)对力进行的研究，人们逐渐对力有了相对明确的认识。在本章里，我们将通过对日常生活中物体受力情况的分析，学习常见的重力、弹力、摩擦力，并通过实验学习力的合成与分解所遵循的平行四边形定则，为深入研究物体之间的相互作用与物体运动和力的关系奠定基础。

3.1 重　力

3.1.1　力和力的图示

车启动时，车轮开始转动，车由静止开始运动；刹车后，车轮停止转动，车由运动变为静止；司机使用方向盘，车轮的方向会发生变化。以上几种情况，都可以说是车轮的运动状态发生了变化，也就是说，只要物体的速度发生变化，不管是速度的大小还是速度的方向发生了变化，我们都说物体的运动状态发生了变化。我们用手拉弹簧，弹簧会变长，用手压弹簧，弹簧会变短，这两种情况我们都说它发生了形变。

是什么原因引起了物体的运动状态、形状或者体积的变化呢？这是物体与物体之间相互作用的结果。在物理学中，把物体与物体之间的这种相互作用称为**力**。

在国际单位制中，力的单位是牛顿，简称牛，用 N 表示。力的大小可以用弹簧测力计测定。

力是矢量，既有大小，又有方向。它可以用一根带箭头的线段来表示，线段按照一定的比例(标度)画出，它的长短表示力的大小，箭头的指向表示力的方向，箭头(或者箭尾)表示力的作用点，线段所在的直线叫作力的作用线，这种力的表示方法叫作**力的图示**(图 3.1.1)。

分析力学问题时，在很多情况下，只需要画出力的方向和作用点，即**力的示意图**(图 3.1.2)就可以了。

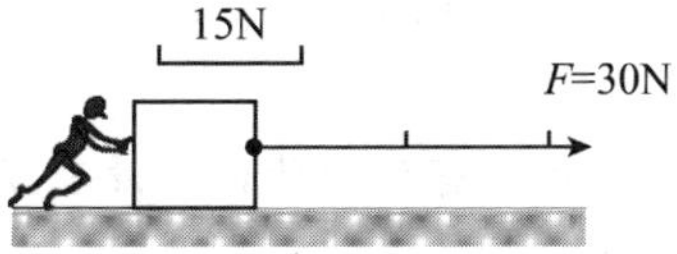

图 3.1.1　力的图示

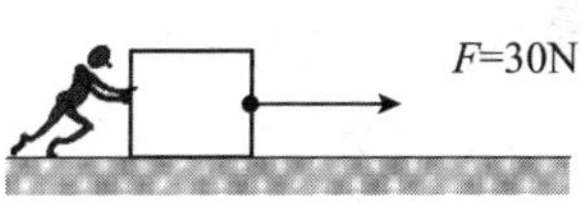

图 3.1.2　力的示意图

3.1.2　什么是重力

生活经验告诉我们，熟透了的苹果会竖直往下落，而不是往天上飞；瀑布会往下流；海水跟随地球自转却不会洒向天空……这是为什么呢？因为地球表面附近的物体都会受到地球的吸引。这种由于地球的吸引而使物体受到的力，叫作**重力**。

物体受到的重力和质量的关系可以表示为：

$$G=mg。$$

其中，G 表示重力，m 表示质量，g 表示自由落体加速度。重力是矢量，既有大小，又有方向。重力的大小可由弹簧测力计测定。它的方向总是竖直向下的。

由于一个物体的每个部分都会受到地球的吸引，在研究整个物体所受重力时，可以认为物体各部分受到的重力作用于一点，这一点叫作**物体的重心**。

质量分布均匀的物体(称为“均匀物体”)，重心的位置跟形状有关，当物体形状规则时，重心在其几何中心处。例如，均匀球体的重心在球心。质量分布不均匀的物体，重心跟其质量分布和几何形状都有关系。例如，载重汽车的重心随着装货多少和装货位置的变化而变化。重心可能在物体上，也可能在物体之外。例如，一个实心铅球的重心在物体上，一个篮球的重心就不在物体上。

练习

1. 举出具体的实例来说明下列问题。

(1)力能够改变物体的运动状态或使物体发生形变。

(2)每一个力都有一个施力物体和一个受力物体。

2. 如图 3.1.3 所示，一个被吊着的空心的均匀球壳内装满了细沙，底部有一阀门，打开阀门让细沙慢慢流出的过程中，球壳与细沙的共同重心将会(　　)。

A. 一直下降　　B. 一直不变

C. 先下降后上升　　D. 先上升后下降

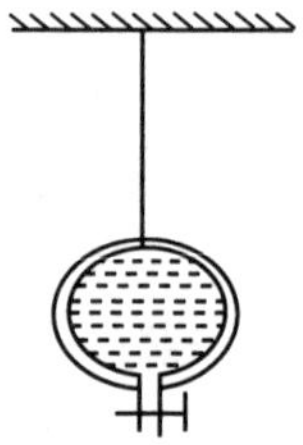

图 3.1.3

3. 画出下面几个力的图示，并说明这几个力的施力物体和受力物体。

(1)机车对列车水平向右的牵引力，大小为 4.5×10^5 N。

(2)铁锤对钉子竖直向下的打击力，大小为 300 N。

(3)竖直向上飞行的火箭受到大小为 2×10^4 N 的重力。

4. 下列说法正确的是(　　)。

A. 拳击手一拳击出，没有击中对方，这时只有施力物体，没有受力物体

B. 力离不开受力物体，但可以没有施力物体

C. 只有相互接触的物体间才有力的作用

D. 力是物体间的相互作用，施力物体和受力物体总是成对出现的

5. 关于物体重心的说法中正确的是(　　)。

A. 重力的作用点叫物体的重心，它一定在物体上

B. 任何球形物体的重心一定在其球心上

C. 物体悬挂于一点静止不动，则物体的重心必与悬点在同一竖直线上

D. 物体只在重心处受力，其他部分不受力

3.2　弹　力

3.2.1　物体的形变

如图 3.2.1 所示，我们用手压弹簧，弹簧会变短；用手压尺子，尺子会弯曲；用手压气球，气球会形变；用手拉橡皮条，橡皮条会变长……观察可知，以上现象中的共性是物体的形状或者体积发生了变化。在物理学中，物体在力的作用下发生的形状或体积改变叫作**形变**。

（a）手压弹簧，弹簧变短

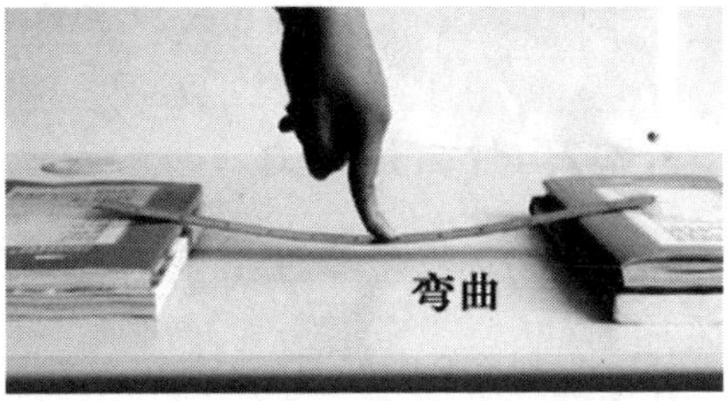

（b）手压尺子，尺子弯曲

（c）手压气球，气球形变

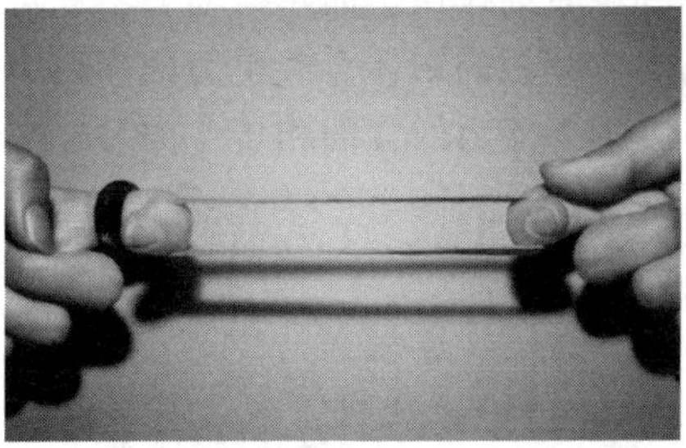

（d）手拉橡皮条，橡皮条变长

图 3.2.1　各种形变

形变通常可以分为两类。物体发生形变后，若撤去外力作用能恢复原来的形状，这种形变叫作**弹性形变**。如果形变过大，超过一定的限度，撤去外力后，物体就不能完全恢复原来的形状，这个限度叫作**弹性限度**。撤去外力作用后不能恢复原来形状的形变叫作**非弹性形变**。

物体的形变有时候很小，不易察觉，如用力压讲台桌面，桌面虽然发生了形变，但形变极其微小，因此无法用肉眼观察到，这时我们可以通过放大微小形变的方法将形变显示出来。如图 3.2.2 所示，在一张大桌子上放两个平面镜 M_1 和 M_2，让一束光依次被这两面镜子反射，最后射到墙上，形成一个光点，按压两面镜子中间的桌面，可以观察到光点位置的变化，由此证明桌面发生了形变。

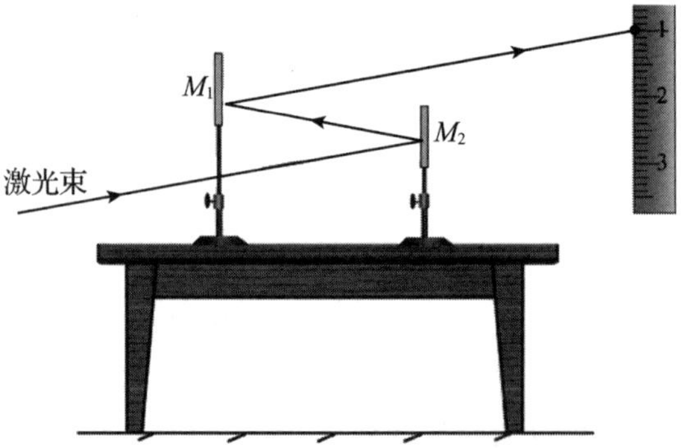

图 3.2.2　观察桌面微小形变的装置

3.2.2　什么是弹力

【思考】物体发生弹性形变后要恢复原状，对与它接触的物体会有什么作用呢？

如图 3.2.3 所示，图(a)中小车在伸长弹簧的作用下向右运动，图(b)中小车在压缩弹簧的作用下向左运动。由此可见，发生形变的物体，由于要恢复原状，对与它接触的物体会产生力的作用，这种力叫作**弹力**。弹力的方向总是与引起形变的作用力的方向相反。

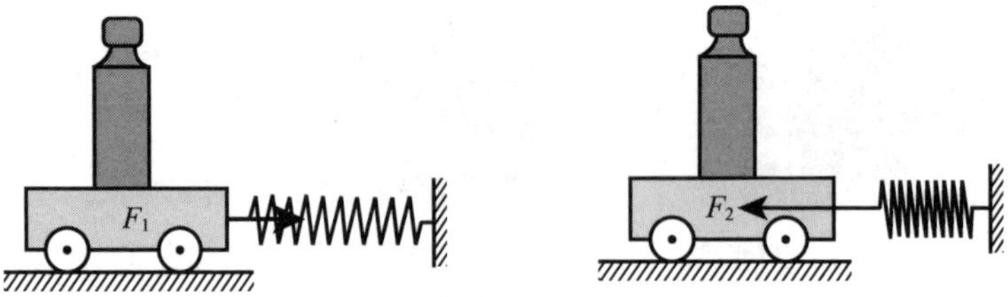

（a）被拉长的弹簧使小车向右运动　　（b）被压缩的弹簧使小车向左运动

图 3.2.3　弹簧发生形变后对小车有弹力的作用

常见的弹力有支持力、压力、拉力。

如图 3.2.4 所示，放在桌面上的书与桌面相互挤压，书和桌面都发生了微小形变：书的形变使得书对桌面产生了向下的压力 F_1，它的方向垂直于书和桌子的接触面向下；桌面的形变使得桌子对书产生了向上的支持力 F_2，它的方向垂直于书和桌子的接触面向上。

如图 3.2.5 所示，A 物体悬挂在天花板上。A 物体在重力的作用下拉紧绳子，使得绳子和 A 物体都发生了形变：A 物体的形变使得 A 物体对绳子产生

向下的拉力 F_1；绳子的形变使得绳子对 A 物体产生向上的拉力 F_2，绳的拉力的方向沿着绳指向绳收缩的方向。

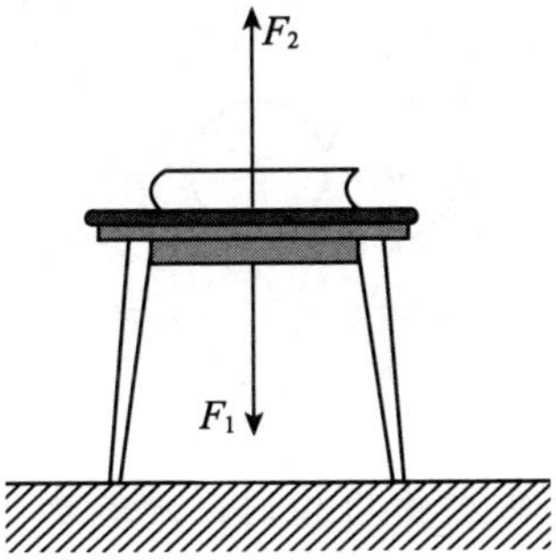

图 3.2.4　压力和支持力

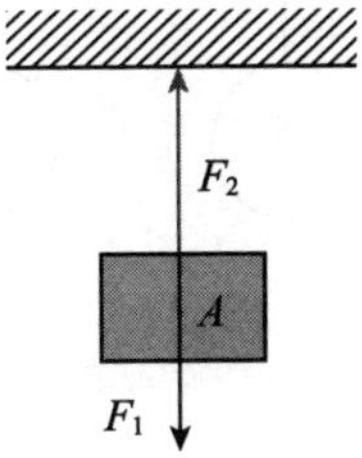

图 3.2.5　拉力

3.2.3　胡克定律

弹力的大小跟形变的大小有关系，形变越大，弹力也越大，形变消失，弹力也消失。弹力和形变的定量关系比较复杂，但是弹簧的弹力和弹簧的形变量(伸长量或者缩短量)的关系则比较简单(图 3.2.6)。

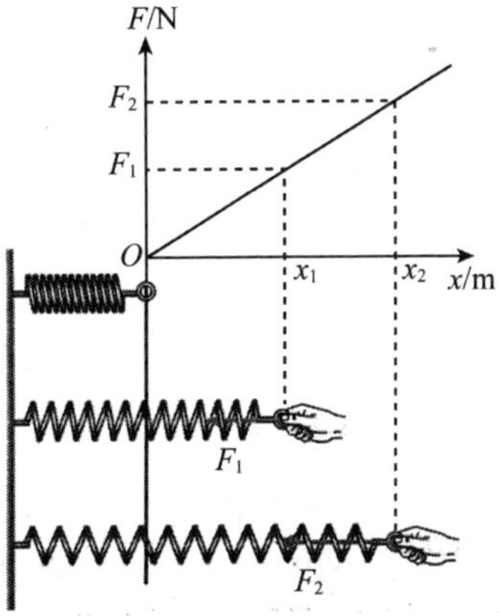

图 3.2.6　弹力与弹簧伸长量的关系

实验表明，弹簧发生弹性形变时，弹力的大小 F 跟弹簧的形变量 x(伸长量或者缩短量)成正比，即

$$F=kx。$$

其中，x 是弹簧的形变量，k 是弹簧的劲度系数。在国际单位制中，k 的单位是牛顿每米(N/m)，它反映了弹簧的“软”“硬”程度，是由弹簧本身的性质(如材料、长度、横截面积等)决定的。这个规律是英国科学家胡克发现的，故叫作**胡克定律**，该定律成立的条件是弹簧发生弹性形变，即弹簧的形变必须在弹性限度内。

练习

1. 如图 3.2.7 所示质量均匀的钢管，一端支在水平地面上，另一端被竖直绳悬吊着，钢管受到几个力的作用？各是什么物体对它的作用？画出钢管的受力示意图。

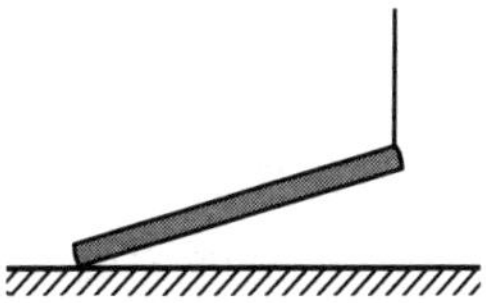

图 3.2.7

2. 在图 3.2.8 中，a，b(a，b 均处于静止状态，且接触面光滑)间一定有弹力的是(　　)。

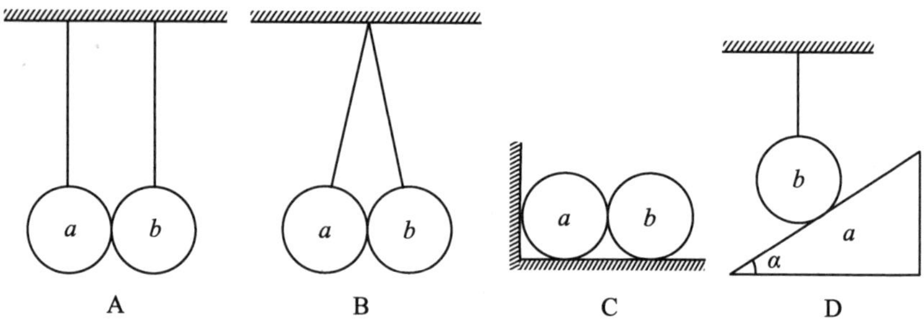

图 3.2.8

3. 如图 3.2.9 所示的装置中，小球的质量均相同，弹簧和细线的质量均不计，一切摩擦忽略不计，平衡时各弹簧的弹力分别为 F_1，F_2，F_3，其大小关系是(　　)。

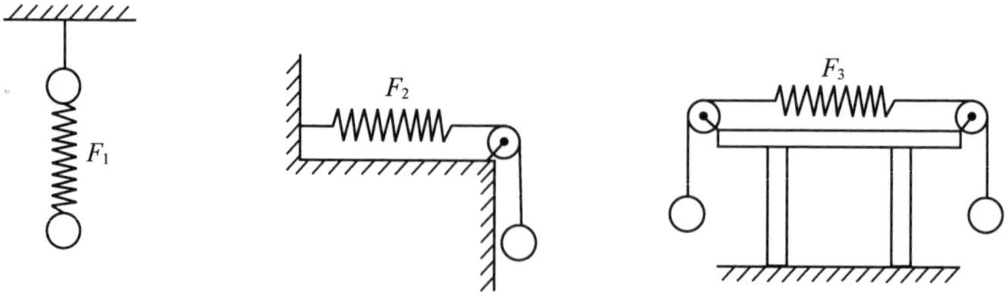

图 3.2.9

A. $F_1=F_2=F_3$　　　　B. $F_1=F_2<F_3$

C. $F_1=F_3>F_2$　　　　D. $F_3>F_1>F_2$

4. 如图 3.2.10 中，物体 A 静止。画出物体 A 所受弹力的示意图。

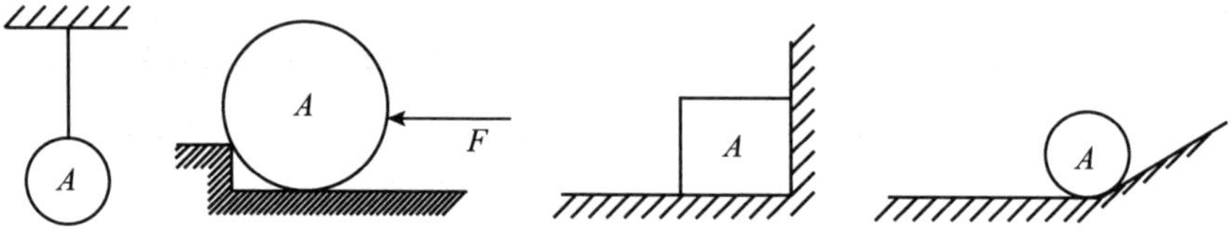

图 3.2.10

5. 如图 3.2.11 所示是探究某根弹簧的伸长量 x 与所受拉力 F 之间的关系图，由图可知：

(1)弹簧的劲度系数是多少？

(2)当弹簧受到 860 N 的拉力作用时，弹簧伸长量为多少？

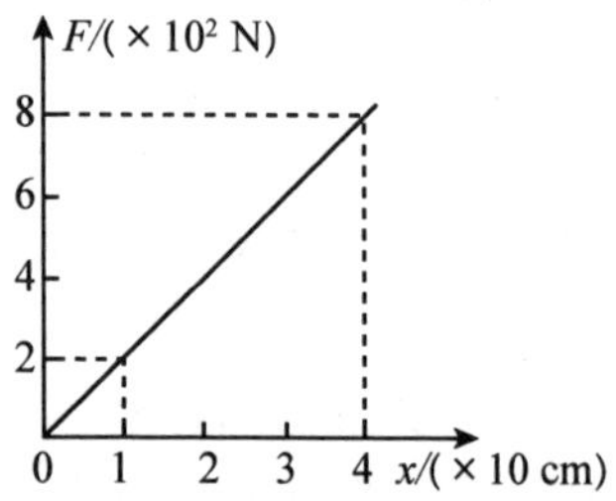

图 3.2.11

3.3　摩擦力

手握杯子，杯子没有掉下来是因为手和杯子之间存在相互作用力；鞋子底、车轮胎上有条纹或花纹是为了增加鞋子、车轮与地面间的相互作用力……这些在生活中常见的现象都和摩擦有关系。我们在初中已经知道，两个相互接触的物体，当它们发生相对运动或具有相对运动的趋势时，就会在接触面上产生阻碍相对运动或相对运动趋势的力，这种力就叫作**摩擦力**。

摩擦力可分为静摩擦力、滑动摩擦力和滚动摩擦力。本节中主要研究静摩擦力和滑动摩擦力。

3.3.1　静摩擦力

【思考】放在地面上的箱子在推力的作用下没有发生运动，是什么在阻碍它运动?

轻推木箱，木箱虽有相对地面运动的趋势但没有动，仍然与地面保持相对静止。由初中所学的二力平衡的知识可以知道，木箱在推力的作用下没有发生运动，肯定是还有一个其他力与推力平衡，即这个力与推力大小相等，方向相反，作用在一条直线上，这个力就是木箱与地面间的摩擦力。由于此时这两个物体相互接触，并且一个物体相对另一个物体没有相对运动但有相对运动趋势，这时产生的摩擦力叫**静摩擦力**。

静摩擦力的大小和方向与两个相互接触的物体之间的相对运动趋势有关。当推力不断增加时，若木箱还是不动，根据二力平衡的知识可知，此时木箱和地面间的静摩擦力和推力还是相等的，即木箱和地面间的静摩擦力随着推力的增大在增大。但当推力增加到一定程度时，木箱开始运动，此时静摩擦力为最大静摩擦力，用 f_{max} 表示，它在数值上等于物体刚刚开始运动时的推力。两物体间实际发生的静摩擦力 f 在 0 与最大静摩擦力之间，即 $0<f\leqslant f_{max}$，它的方向总是与物体的接触面相切，并与物体的相对运动趋势方向相反。

3.3.2　滑动摩擦力

两个相互接触的物体，当一个物体在另一个物体表面滑动的时候，会受到另一个物体阻碍它滑动的力，这种力叫作**滑动摩擦力**。它的方向总是跟物体的接触面相切，并与物体的相对运动方向相反(图 3.3.1)，这里的“相对运动”是指以施加摩擦力的施力物体为参考系的受力物体的相对运动。

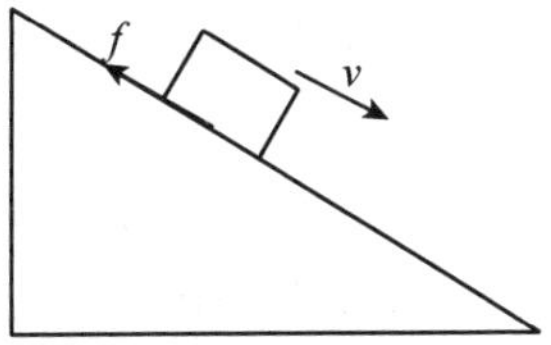

图 3.3.1　木块从粗糙斜面上滑下

通过初中的学习，我们已经知道滑动摩擦力的大小和接触面的粗糙程度、所受压力的大小有关，那么滑动摩擦力的大小和它们有什么定量关系呢？大量实验表明：两物体间的滑动摩擦力 f 的大小与两物体表面间的垂直作用力 F_N 成正比，即

$$f=\mu F_N。$$

式中的比例常数 μ 是两个力的比值，称为动摩擦因数，没有单位，其大小与相互接触的两个物体的材料、接触面的粗糙程度等有关。常用几种材料间的动摩擦因数如表 3.3.1 所示。

表 3.3.1 几种材料间的动摩擦因数

材料	动摩擦因数	材料	动摩擦因数
钢—钢	0.25	木头—冰	0.03
钢—冰	0.02	橡胶轮胎—路面(干)	0.71
木—木	0.30	木—金属	0.20
皮革—铸铁	0.28		

【例题】已知木块与水平桌面间的动摩擦因数为 0.2，请问沿水平方向要用多大的力才能够拉着重为 40 N 的木块匀速前进？

分析：如图 3.3.2 所示，木块在竖直方向没有运动，受到重力和桌面的支持力，且二力大小相等，方向相反。在水平方向上受到拉力和桌面对它的滑动摩擦力，在这两个力的作用下，木块匀速前进。根据二力平衡，木块受到的拉力和桌面对它的滑动摩擦力大小相等，即 $F=F_f$。滑动摩擦力可以由 $F_f=\mu F'_N$ 求出，其中 F'_N 是木块对桌面的压力，它的大小等于木块的重量 G。

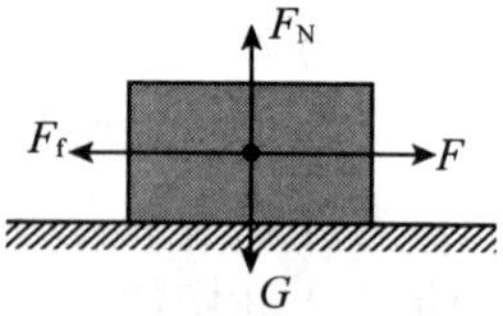

图 3.3.2

解：$G=40$ N，$\mu=0.2$。木块匀速运动，拉力和滑动摩擦力大小相等，所以

$$F=F_f。$$

其中 $F_f=\mu F'_N$，而 $F'_N=G$，所以

$$F=\mu G。$$

代入数据后解得

$$F=0.2\times 40\ \text{N}=8\ \text{N}。$$

即沿水平方向要用 8 N 的力才能够拉着木块匀速前进。

除滑动摩擦力以外，还有滚动摩擦力。滚动摩擦是一个物体在另一个物体表面上滚动时产生的摩擦，当压力相同时，滚动摩擦比滑动摩擦要小很多，如人走在有沙子的地面会滑倒就是因为滚动摩擦比滑动摩擦小的原因。

练习

1. 已知图 3.3.3 中的物体都处于静止状态，试对物体进行受力分析，画出力的示意图。

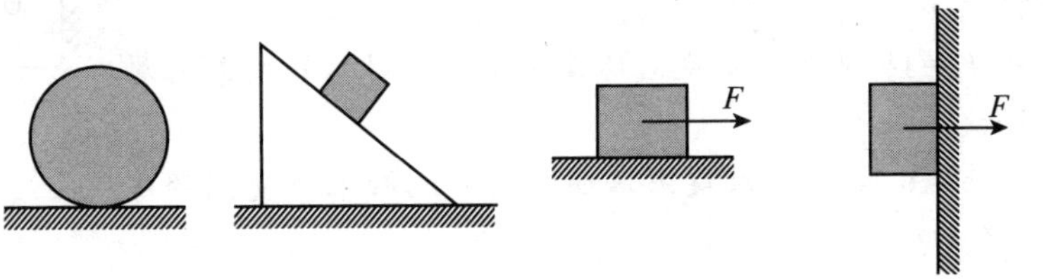

图 3.3.3

2. 有人说运动的物体一定有滑动摩擦力，静止的物体一定没有滑动摩擦力。请问这种说法对吗？为什么？

3. 置于水平面上的物体，在水平方向的拉力作用下向前运动，当拉力增大时，物体的运动速度也随之变大，则该物体所受的滑动摩擦力将(　　)。

A. 增大　　B. 不变

C. 减小　　D. 无法确定

4. 如图 3.3.4 所示，质量为 $m=10$ kg 的物体在水平力 $F_1=18$ N，$F_2=10$ N 的作用下，静止在粗糙水平面上，动摩擦系数 $\mu=0.2$，则物体受到的摩擦力为(　　)。

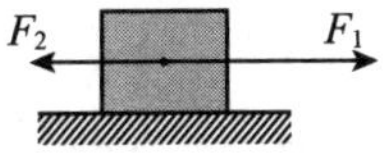

图 3.3.4

A. 8 N，向左

B. 10 N，向右

C. 20 N，向左

D. 18 N，向左

5. 如图 3.3.5 所示，质量为 m 的木块被水平推力压着，静止在竖直墙壁上，若将推力 F 的大小增加到 $2F$，则(　　)

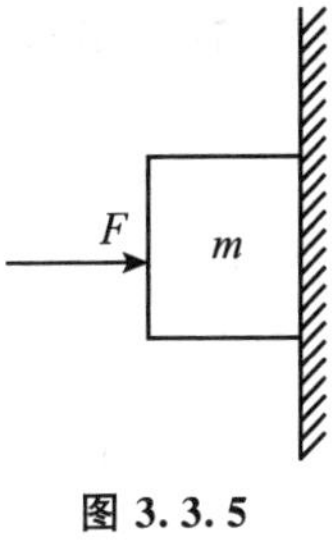

图 3.3.5

A. 木块所受墙面的弹力增加到原来的 2 倍

B. 木块所受墙面的摩擦力增加到原来的 2 倍

C. 木块所受墙面的摩擦力方向向下

D. 木块所受墙面的摩擦力不变

6. 在东北的冬季伐木工作中，许多伐下的木料被装在雪橇上，用马拉着雪橇在冰道上滑行，将木料运送出去。一个有钢制滑板的雪橇，上面装着木料，总重量 4.9×10^4 N，钢与冰之间的动摩擦因数为 0.02。在水平的冰道上，马要在水平方向用多大的力，才能够拉着雪橇匀速前进？

7. 如图 3.3.6 所示，用水平力 F 将一个木块压在竖直墙壁上，已知木块重 $G=6$ N，木块与墙壁间的动摩擦因数 $\mu=0.25$。问：

(1)当 $F=25$ N 时，木块没有动，木块受到的摩擦力为多大？

(2)当 F 增大为 30 N 时，木块仍静止，木块受到的摩擦力为多大？

(3)当 $F=10$ N 时，木块沿墙面下滑，此时木块受到的摩擦力为多大？

(4)当 $F=6$ N 时，木块沿墙面下滑，此时木块受到的摩擦力又为多大？

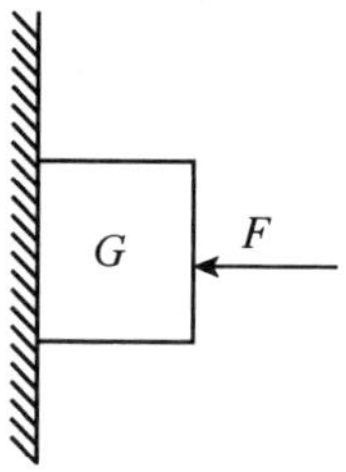

图 3.3.6

3.4 力的合成

3.4.1 什么是力的合成

如图 3.4.1 所示，两个小孩所用的力 F_1 和 F_2 与一个大人所用的力 F 产生的作用效果相同，都是将水提起来了。

当一个物体受到几个力的共同作用时，我们常常可以求出这样一个力，这个力产生的效果跟原来几个力的共同效果相同，这个力就叫作那几个力的**合力**，原来的几个力叫作这个力的**分力**，合力与分力可以相互替代。

求几个力的合力的过程，叫作**力的合成**。力的合成是一种等效替代的方法，即用一个力去替代多个共同作用的力，并且替代前后的作用效果一样。

图 3.4.1 两个小孩用的力和一个大人用的力效果相同

3.4.2 实验：探究力的合成的规律

既然合力与分力可以相互替代，那么它们之间存在什么关系呢？是否是数值上简单的相加呢？接下来我们用实验探究力的合成的规律。

【实验器材】

方木板、白纸、弹簧测力计(2 个)、橡皮条、细绳套(1 个或 2 个)、三角板、刻度尺、图钉(几个)。

【实验步骤】

(1)用图钉把白纸固定在水平桌面的方木板上。

(2)将橡皮条的一端固定在 A 点处，橡皮条的另一端拴上两个细绳套，如图 3.4.2(a)所示。

(3)用两个弹簧测力计分别勾住细绳套，互成角度地拉橡皮条，将节点拉

到某一位置 O，如图 3.4.2(b)所示，记录两弹簧测力计的读数 F_1 和 F_2(力的大小)，用铅笔描下 O 点的位置及此时两细绳套的方向(力的方向)。

(4)去掉一个测力计，只用一个弹簧测力计勾住细绳套，把橡皮条的节点拉到同一位置 O 点，如图 3.4.2(c)所示，记录此时弹簧测力计的示数 F 及细绳的方向。

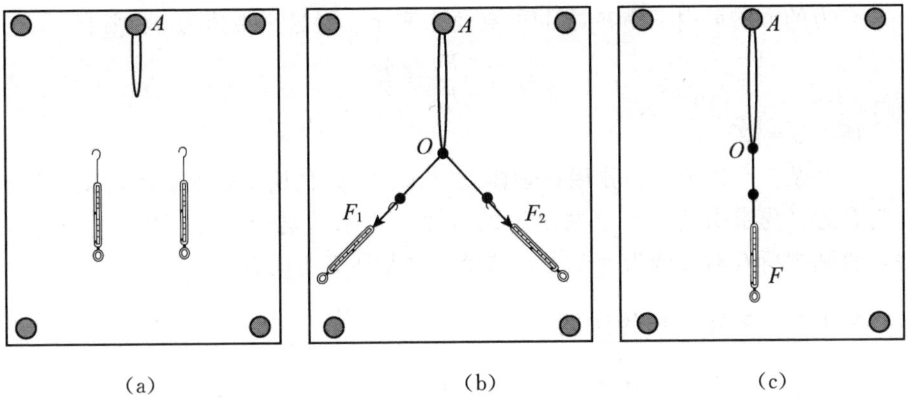

图 3.4.2　探究力的合成的规律的实验步骤

(5)取下白纸，用铅笔和刻度尺从 O 点沿两条细绳方向画直线，按一定比例，用有向线段在纸上画出 F_1，F_2 和 F。

(6)改变 F_1 和 F_2 的大小和方向，重复以上实验和作图。

根据以上实验探究的结果，如果用线段表示 F_1 和 F_2，并以这两个力的线段为邻边作平行四边形，夹在两邻边之间的对角线就可以表示合力 F 的大小和方向，这个法则叫**平行四边形定则**，如图 3.4.3 所示。

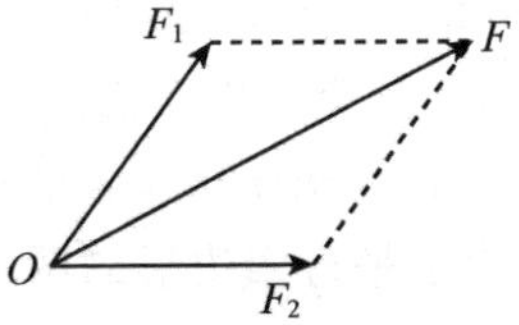

图 3.4.3　力的平行四边形定则

【例题】气球在空中受到的空气浮力竖直向上，大小为 4 N，同时受到水平方向的风力作用，大小为 3 N。求气球受到的浮力与风力的合力。

分析：已知这两个力的大小和方向，根据平行四边形定则可以用计算法和作图法求它们的合力。

解：我们首先通过作图法求合力。

选定一个合适的标度，如用一个单位长度表示 1 N，用 O 点代表气球，作出气球所受两个力的图示，如图 3.4.4 所示。

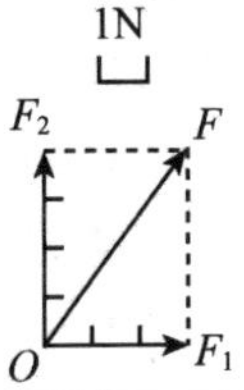

图 3.4.4

以 F_1 和 F_2 为邻边作平行四边形，作出表示合力 F 的对角线 OF，用刻度尺量出对角线的长，约为 5 个单位长度，可求得合力的大小约为：

$$F=5\times1\ \text{N}=5\ \text{N}。$$

用量角器量出合力 F 与水平方向的夹角为 $53°$。

将物理问题和数学方法相结合，可以更直接地得到结果。

在图 3.4.4 所示的平行四边形中，线段的长度和方向表示力的大小和方向。根据勾股定理，合力的大小为：

$$F=\sqrt{F_1^2+F_2^2}=\sqrt{3^2+4^2}\ \text{N}=5\ \text{N}。$$

合力的方向可用 F 和F_1之间的夹角来表示。设这个夹角为 α，则有

$$\tan\alpha=\frac{F_2}{F_1}=\frac{4}{3}。$$

所以 $\alpha=53°$。

三个及三个以上的力作用在物体上时，也可以使用平行四边形定则求出它们的合力：先求出其中任意两个力的合力，再求出这个合力与第三个力的合力，直到把所有的力合为一个力，这个力就是所有力的合力。

3.4.3　矢量相加的法则

我们求两个力的合力时，由于力是矢量，所以不能简单地把两个力的大小相加，而是按照平行四边形定则来确定合力的大小和方向。

我们在第一章所学的位移也是矢量，如图 3.4.5 所示，一位同学从操场中心 A 出发，向北走了 40 m，到达 C 点，位移是 AC=40 m，然后又向东走了 30 m，到达 B 点，位移是 CB=30 m。整个过程中，该同学发生的位移是 AB=50 m，AB 是合位移。在图 3.4.5 中，如果平行移动 CB，使它的始端 C 与第一次位移的始端 A 点重合，这样，两次的位移就构成了平行四边形的两条邻边，而合位移就是这个平行四边形的对角线。所以说，位移矢量相加时也遵从平行四边形定则。

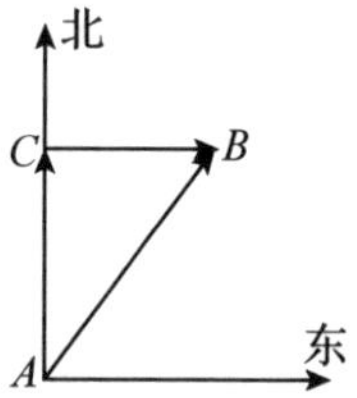

图 3.4.5

如果不平移 CB，那么，图 3.4.5 中 AC 与 CB 以及它们的合位移 AB 将组成一个三角形。将两个矢量首尾相连来求合矢量的方法叫作三角形定则。平行四边形定则和三角形定则的实质是一样的。既有大小，又有方向，相加时遵循平行四边形定则的物理量叫作矢量。只有大小，没有方向，相加时按照算术法则进行的物理量叫作标量。

练习

1. 下列关于合力与分力的叙述中正确的是(　　)。

A. 合力的大小一定大于每一分力的大小

B. 合力可以同时垂直于每一分力

C. 合力与分力间是一种等效替代关系，不能同时考查它们的作用效果

D. 若两个分力的大小不变，则合力的大小也不会变化

2. 两个力 F_1 和 F_2 间的夹角为 θ，两个力的合力为 F。以下说法正确的是(　　)

A. 若 F_1 和 F_2 大小不变，θ 角变小，合力 F 就变小

B. 合力 F 可能比任何一个分力都小

C. 合力 F 总比任何一个分力都大

D. 如果夹角 θ 不变，F_1 大小不变，只要 F_2 增大，合力 F 就必然增大

3. 两个共点力的大小分别是 3 N 和 4 N，它们之间的夹角为 90°，则这两个力的合力大小为(　　)。

A. 3 N　　　　B. 4 N

C. 5 N　　　　D. 7 N

4. 如图 3.4.6 所示，三个力 F_1，F_2 和 F_3 作用在同一质点上，其中，F_1 和 F_2 共线且反向，F_1 和 F_3 垂直，$F_1=10$ N，$F_2=4$ N，$F_3=8$ N。则质点所受合力大小为(　　)。

A. 22 N

B. 10 N

C. 6 N

D. 14 N

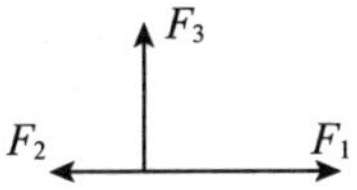

图 3.4.6

5. 如图 3.4.7 所示，所受重力为 10 N 的物体置于水平桌面上，在 3 N 的水平拉力 F 的作用下处于静止状态，则物体所受合力为(　　)。

A. 10 N

B. 7 N

C. 3 N

D. 0 N

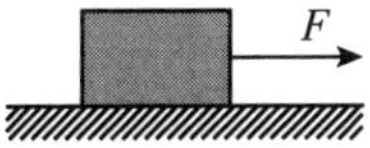

图 3.4.7

6. 有两个力，它们的合力为 0。现把其中一个向西的 10 N 的力改为向北(大小不变)，它们的合力大小、方向如何变化？

7. 两个共点力的合力最大为 15 N，最小为 5 N，则这两个力的大小分别为多少？两个力的夹角为 90°，则合力的大小是多少？

8. 两个大小相等的共点力 F_1，F_2，当它们之间的夹角为 90°时合力的大小为 20 N，则当它们之间的夹角为 120°时，合力的大小为多少？

9. 两个力 F_1 和 F_2 间的夹角为 θ，合力为 F。以下说法是否正确？

(1)F_1，F_2 大小不变的情况下，两个分力的夹角 θ 越大，合力越小。

(2)如果夹角 θ 不变，F_1 大小不变，只要 F_2 增大，合力就必然增大。

(3)合力 F 总是比分力 F_1 和 F_2 中的任何一个力都大。

3.5 力的分解

【思考】高大的桥要造很长的引桥，来减小桥面的坡度。你知道工程师为什么这样设计吗？

3.5.1 什么是力的分解

上一节我们已经学过，几个力的作用可以用一个力来代替，这是力的合成。同样，一个力的作用也可以用几个力的共同作用来等效替代。如图 3.5.1(a)所示，在粗糙斜面上向下运动的物块，受到竖直向下的重力(G)、垂直于斜面向上的支持力(F_N)和沿斜面向上的摩擦力(f)的作用，如果要研究物块的运动情况，需要得到沿斜面向下方向的受力情况，这时可以将重力 G 用垂直于斜面向下的力(F_2)和沿斜面向下的力(F_1)等效代替[图 3.5.1(b)]，其中力 F_1 和 F_2 是重力 G 的分力。已知一个力求它的分力的过程，叫作**力的分解**。

由于力的分解是力的合成的逆过程，所以力的分解也遵循平行四边形定则。求一个力 F 的分力时，可以以这个力 F 为平行四边形的对角线作平行四边形，得到的与 F 共点的平行四边形的两条邻边就是 F 的两个分力。例如，在图 3.5.1(b)中，重力 G 表示平行四边形的对角线，F_1 和 F_2 为与 G 共点的平行四边形的两条邻边。

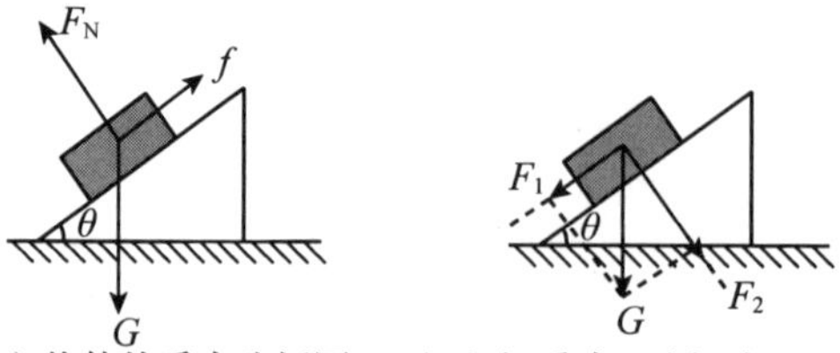

(a) 物体的受力分析图　(b) 把重力 G 分解为 F_1 和 F_2

图 3.5.1

需要指出的是，如图 3.5.2 所示，如果没有其他限制，对于同一条对角线，可以作出无数个不同的平行四边形。也就是说，一个力可以由无数组分力来代替。因此，通常实际情况中按力的实际作用效果进行分解。

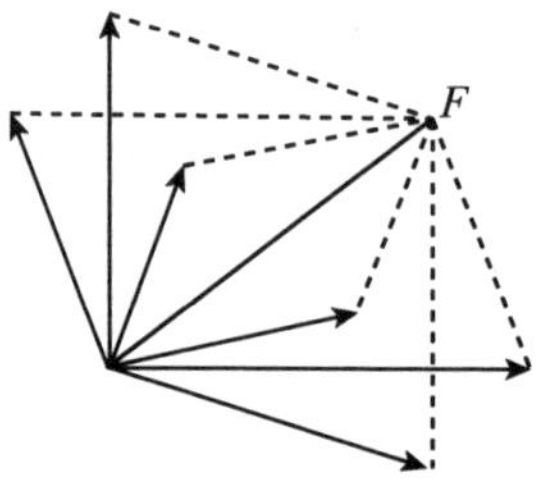

图 3.5.2　力的分解

3.5.2　力的正交分解

把一个已知的力沿着两个互相垂直的方向进行分解的方法叫作正交分解法。实际对力进行分解时，为便于计算，常常采用正交分解法。

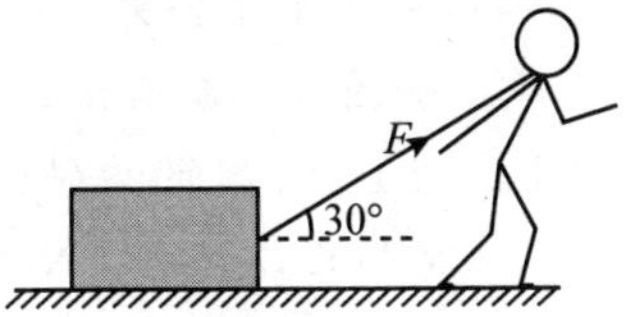

图 3.5.3

【例题】如图 3.5.3 所示，木箱重 500 N，放在水平地面上，一个人用大小为 200 N 与水平方向成 30°角的斜向上的力拉木箱，木箱沿地面匀速运动，求木箱受到的摩擦力和地面所受的压力。

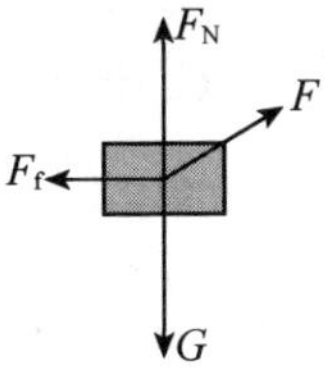

图 3.5.4

分析：我们研究的对象是木箱，它受到重力、地面给它的竖直向上的支持力、摩擦力和人的拉力，如图 3.5.4 所示。人的拉力与水平方向成 30°，可分解为水平向右的F_1和竖直向上的F_2，根据直角三角形中的三角函数关系便可以求出F_1和F_2与 F 的关系。又由于木箱沿地面匀速运动，所以木箱在水平方向和竖直方向都受力平衡，我们通过平衡关系可以求出木箱受到的摩擦力和地面对木箱的支持力的大小。

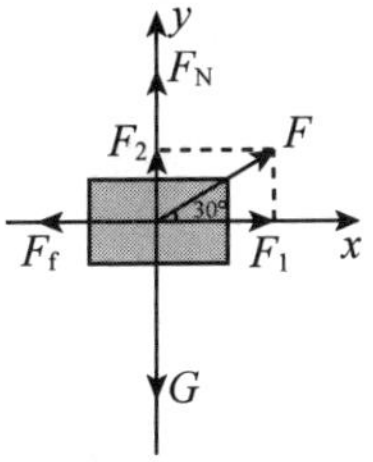

图 3.5.5

解：对木箱进行受力分析，然后建立平面直角坐标系，如图 3.5.5 所示，把拉力 F 分解为沿水平方向的分力F_1和沿竖直方向的分力F_2，根据直角三角形中的三角函数关系可得

$$F_1 = F\cos 30°, \quad ①$$

$$F_2 = F\sin 30°。 \quad ②$$

由于木箱沿地面匀速运动，所以有

水平方向：$F_1 - F_f = 0$。

竖直方向：$F_N + F_2 - G = 0$。

将式①②代入以上两式可得

$$F_f = F_1 = F\cos 30° = 200 \times \frac{\sqrt{3}}{2}\ \text{N} = 100\sqrt{3}\ \text{N}。$$

$$F_N = G - F_2 = G - F\sin 30°$$

$$= 500\ \text{N} - 200 \times \frac{1}{2}\ \text{N} = 400\ \text{N}。$$

而地面对木箱的支持力与木箱对地面的压力是一对作用力与反作用力，所以地面所受的压力$F_{压} = F_N = 400$ N。

练习

1. 下列说法错误的是(　　)。

A. 力的分解是力的合成的逆运算

B. 对力进行正交分解时，分力总是小于合力

C. 力的分解和力的合成都遵循平行四边形定则

D. 分力小于合力

2. 如图 3.5.6 所示，质量为 2 kg 的物体放在粗糙水平面上，用 $F=8$ N 的力斜向下推物体，F 与水平面成 30°角，物体保持静止，$g=10$ N/kg，则下列说法正确的是(　　)。

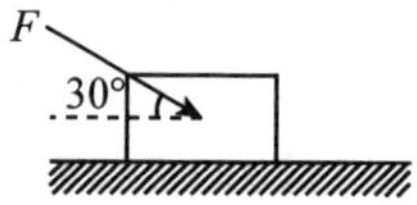

图 3.5.6

A. 物体对地面的压力为 20 N

B. 物体所受的摩擦力为 8 N

C. 物体所受的合力为 5 N

D. 物体所受的合力为 0 N

3. 如图 3.5.7 所示，AB，AC 两光滑斜面互相垂直，AC 与水平面成 30°角，BA 与水平面成 60°角。若把球 O 的重力按照其作用效果分解，则两个分力的大小分别为(　　)。

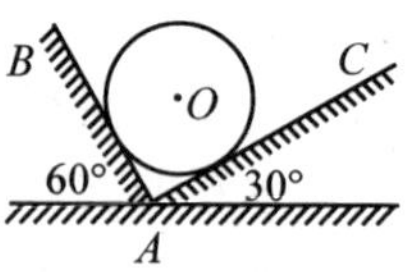

图 3.5.7

A. $\frac{1}{2}G$，$\frac{\sqrt{3}}{2}G$

B. $\frac{\sqrt{3}}{3}G$，$\sqrt{3}G$

C. $\frac{\sqrt{2}}{3}G$，$\frac{\sqrt{2}}{2}G$

D. $\frac{\sqrt{2}}{2}G$，$\frac{\sqrt{3}}{2}G$

4. 如图 3.5.8 所示，质量为 m 的等边三棱柱静止在水平放置的斜面上，已知三棱柱与斜面之间的动摩擦因数为 μ，斜面的倾角为 30°，则斜面对三棱柱的支持力与摩擦力的大小分别为(　　)

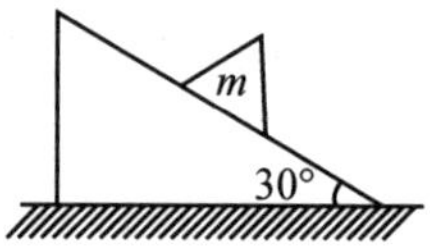

图 3.5.8

A. $\frac{\sqrt{3}}{2}mg$ 和 $\frac{1}{2}mg$

B. $\frac{1}{2}mg$ 和 $\frac{\sqrt{3}}{2}mg$

C. $\frac{1}{2}mg$ 和 $\frac{1}{2}\mu mg$

D. $\frac{\sqrt{3}}{2}mg$ 和 $\frac{\sqrt{3}}{2}mg$

5. 一个物体重为 60 N，把它放在斜面上，斜面的长与高之比是 5∶3。试求出物体重力平行于斜面使物体下滑的分力和垂直于斜面使物体压紧斜面的分力。

6. 一个竖直向下的 180 N 的力分解为两个分力，一个分力在水平方向上并等于 240 N，求另一个分力的大小和方向。

7. 如图 3.5.9 所示，一个重为 G 的物体静止在倾角为 θ 的斜面上，求物体受到的静摩擦力和斜面对物体的支持力。

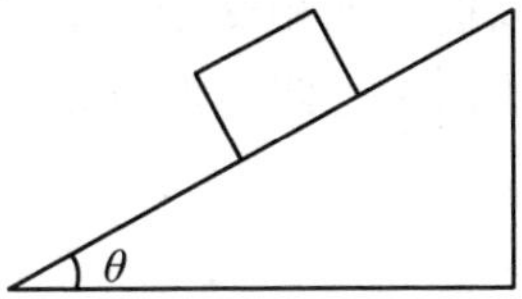

图 3.5.9

8. 如图 3.5.10 所示，一物块在水平拉力 F 作用下沿水平桌面做匀速直线运动。若保持 F 大小不变，而方向与水平方向成 60°角，物块也恰好做匀速直线运动，求物块与桌面间的动摩擦因数。

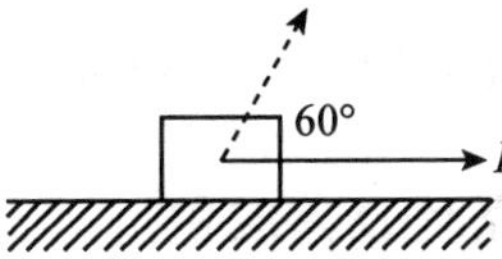

图 3.5.10

3.6　共点力的平衡条件

3.6.1　共点力

在日常生活中，一个物体所受的力往往不止一个。如图 3.6.1(a)所示，挂在墙上的画，受到重力(G)、绳子拉力(F_1 和 F_2)的作用；如图 3.6.1(b)所示，沿斜面向下运动的物体受到重力(G)、支持力(F_N)和摩擦力(f)的作用；如图 3.6.1(c)所示，汽车行驶过程中关闭发动机后受到重力(G)、支持力(F_N)和摩擦力(f)的作用。

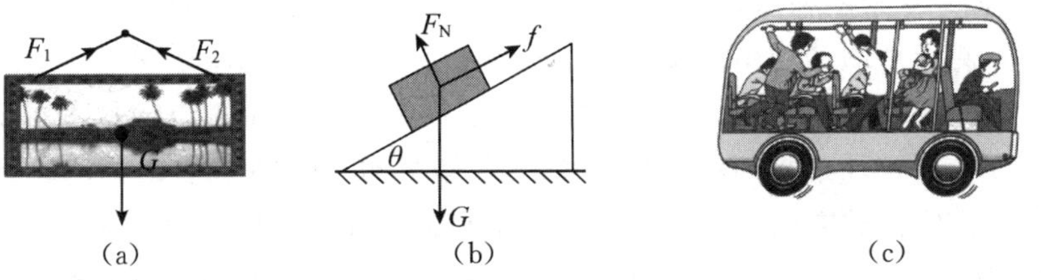

(a)　(b)　(c)

图 3.6.1　受多个力的物体

如果一个物体受到两个或更多个力作用，这些力都作用在物体上的同一点，或者虽不作用在同一点上，但它们的延长线相交于同一点(图 3.6.2)，这样的一组力叫作**共点力**。显然，把物体当作质点的情况下，物体所受的力都是共点力，但是当物体不能当作质点时，有一些情况，物体所受的力不但没作用在一条直线上，它们的延长线也不能相交于一点(图 3.6.3)，这些力不是共点力。值得注意的是，力的合成的平行四边形定则，只适用于共点力。

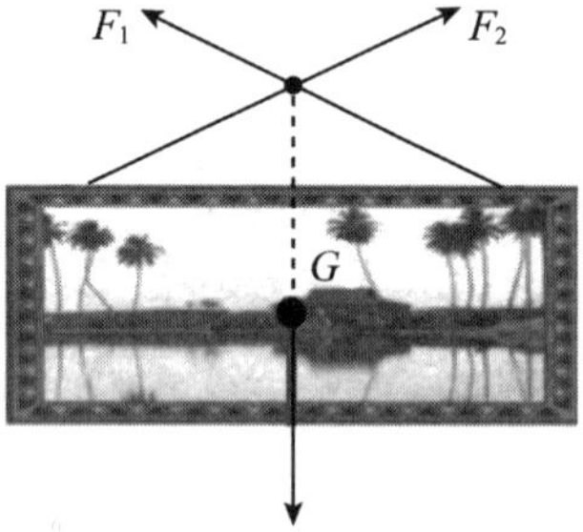

图 3.6.2　画受到的力是共点力

图 3.6.3　担子受到的力不是共点力

3.6.2　共点力的平衡条件及其应用

在日常生活中，我们发现书桌上的台灯、书、杯子，虽然都受到力的作用(重力、支持力)，但是仍然处于静止状态；汽车虽然受到重力、支持力、牵引力、摩擦力的作用，但仍然有可能做匀速直线运动。如果一个物体在力的作用下，保持静止或匀速直线运动状态，我们就说这个物体处于**平衡状态**。如果物体要处于平衡状态，作用在物体上的力就必须满足一定的条件，这个条件叫作**平衡条件**。

初中的时候我们已经学过二力平衡，所谓二力平衡是指物体在两个共点力的作用下处于平衡状态，此时物体所受的两个力大小相等，方向相反，即二力平衡的条件是物体所受的两个力大小相等，方向相反。那么，物体受到多个力作用时的平衡条件是什么呢?

【实验探究】

(1)将一块薄木板放在水平桌面上，并在木板中心用图钉固定好白纸，将三个弹簧测力计的挂钩用细线系在小铁环上，如图 3.6.4(a)所示。

(2)先将其中两个弹簧测力计固定在木板上，再沿某一方向拉着第三个弹簧测力计。当铁环平衡时，分别记下三个弹簧测力计的示数F_1，F_2，F_3并沿着细线画出它们的方向，按照它们的大小和方向作出力的图示。

(3)按平行四边形定则作出F_2，F_3的合力F_{23}，比较F_{23}和F_1的大小和方向，如图 3.6.4(b)所示，由此，可以找出F_1，F_2，F_3之间的关系。

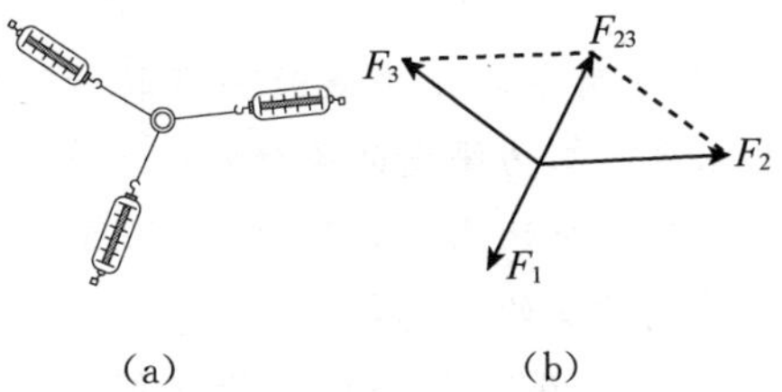

图 3.6.4

实验表明，物体受到多个力作用时的平衡条件为：物体所受合力为零，即

$$F_{合}=0。$$

当物体受到多个共点力(在同一个平面)的作用时，我们可以用正交分解的方法将各个力沿选定的直角坐标系分解，如果沿 x 轴方向的合力为零，沿 y 轴方向的合力也为零，那么物体也处于平衡状态。此时，平衡条件又可以写为：

$$F_{x合}=0,$$

$$F_{y合}=0。$$

这种分解的方法，在解决多个共点力问题时经常用到。

【例题】在图 3.6.5 中，如果小球重 8 N，光滑斜面的倾角为 37°，求斜面及竖直放置的挡板对小球的作用力。

分析：以小球为研究对象，小球受到重力 G、挡板对它的作用力 F_1、斜面对它的作用力 F_2 这三个力的作用，根据共点力的平衡条件，F_1 和 F_2 的合力 F 的大小和重力 G 的大小相等。

解：对小球的受力分析如图 3.6.5 所示，由直角三角形的三角函数关系有

$$F_1=F\tan 37°,$$

$$F_2=\frac{F}{\cos 37°},$$

$$F=G。$$

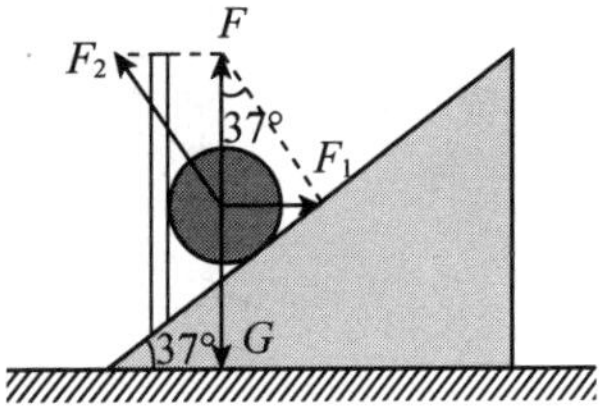

图 3.6.5

代入数据 $G=8$ N 得

$$F_1=F\tan 37°=8\ \text{N}\times\frac{3}{4}=6\ \text{N},$$

$$F_2=\frac{F}{\cos 37°}=\frac{8\ \text{N}}{0.8}=10\ \text{N}。$$

即斜面对小球的作用力为 10 N，竖直放置的挡板对小球的作用力为 6 N。

练习

1. 二力平衡是共点力作用下物体平衡的一个特例。回忆一下，在前面两章的学习中，哪些地方用到了二力平衡的条件？

2. 重 60 N 的物体放在水平地面上，现用 35 N 的竖直向上的力提重物，则物体所受的合力是多少？

3. 如图 3.6.6 所示，物体在五个共点力的作用下保持平衡。如果撤去F_1，但是保持其他四个力大小和方向都不变，请在图上画出这四个力的合力的方向和大小。

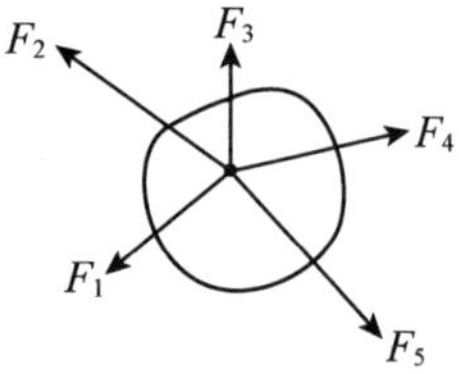

图 3.6.6

4. 一重为 30 N 的木块在两个方向相反的力F_1，F_2的作用下保持匀速直线运动，其中$F_1=20$ N，$F_2=8$ N，求木块所受到的摩擦力的大小。

5. 某同学拉动一个 30 kg 的箱子匀速前进，已知箱子与地面的动摩擦因数$\mu=0.4$，拉力 F 与水平面的夹角为 30°，求绳子的拉力 F。

6. 用网兜把一个足球挂在光滑墙壁上的 A 点处，如图 3.6.7 所示，足球的质量为 m（网兜的质量不计），足球与墙壁的接触点为 B，悬绳与墙壁的夹角为 α。求悬绳的拉力和墙壁对球的弹力。

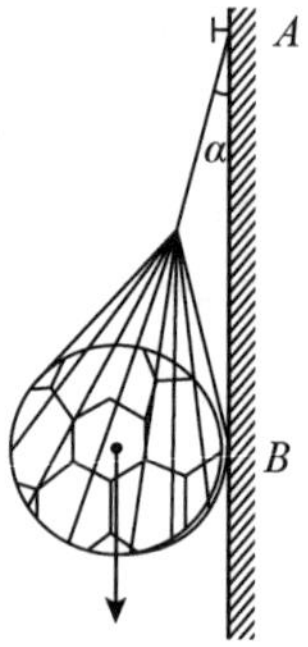

图 3.6.7

7. 如图 3.6.8 所示，把皮球放在倾角为 30°的光滑斜面上，用一竖直挡板使之处于平衡状态，此时斜面受到的压力为 F_1。若撤去挡板时，斜面受到的压力为 F_2。求 F_1和 F_2之比。

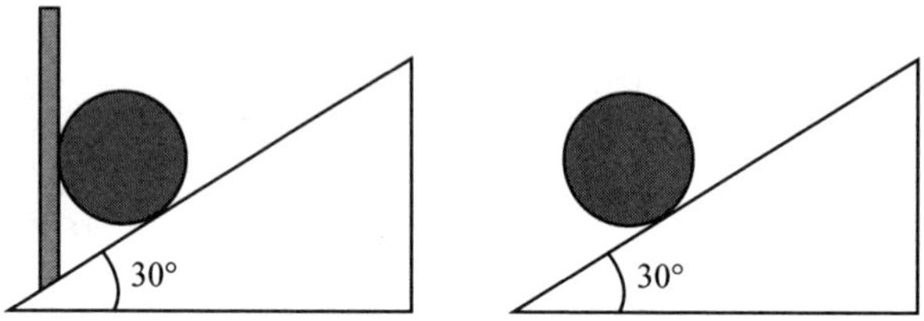

图 3.6.8

本章小结

- 物体间的相互作用
  - 重力
    - 产生的原因：地球的吸引。
    - 定义：由于地球的吸引而使物体受到的力。
    - 大小：$G = mg$ ($g = 9.8\ \text{m/s}^2$)，用弹簧测力计测量。
    - 方向：竖直向下（即垂直于水平面向下）。
    - 作用点（重心）
      - 定义：物体各部分所受重力之合力的作用点。
      - 位置：与物体的形状和质量分布有关。规则而密度均匀的物体的重心就是它的几何重心。不规则物体的重心，可以用悬挂法来确定。重心可能在物体上，也可能在物体之外。
  - 弹力
    - 定义：发生变形的物体，由于要恢复原状，对与它接触的物体会产生力的作用。
    - 产生条件
      - （1）相互接触。
      - （2）发生弹性形变。
    - 方向：弹力的方向总是与引起形变的作用力的方向相反。
    - 常见弹力
      - 压力和支持力：方向都垂直于接触面指向被压或被支持的物体。
      - 绳的拉力：沿着绳指向绳收缩的方向。
    - 大小
      - 弹簧弹力：胡克定律 $F = kx$。
      - 其他弹力：由物体受其他力和运动状态求解。
  - 摩擦力
    - 定义：两个相互接触的物体，当一个物体相对另一个物体有相对运动或者相对运动趋势时，在接触面上产生的阻碍相对运动或者相对运动趋势的力。
    - 产生条件
      - （1）接触面粗糙。
      - （2）相互接触有弹力。
      - （3）有相对运动或相对运动趋势。
    - 方向：沿接触面，跟物体相对运动或者相对运动趋势方向相反。
    - 大小
      - 静摩擦力：取值范围为 $0 < f \leqslant f_{max}$，利用平衡关系进行计算。
      - 滑动摩擦力：$f = \mu F_N$。
  - 力的合成与分解
    - 关系：分力 $\underset{\text{力的分解}}{\overset{\text{力的合成}}{\rightleftarrows}}$ 合力
    - 遵循平行四边形定则：以两个共点力为邻边作平行四边形，这两个邻边之间的对角线就表示合力的大小和方向。
    - 合力与分力的关系
      - （1）等效替代，不能同时存在。
      - （2）两分力同向时，合力最大，$F_{max} = F_1 + F_2$；两分力反向时，合力最小，$F_{min} = |F_1 - F_2|$，其方向与较大的一个分力方向相同。
      - （3）合力的取值范围：$|F_1 - F_2| \leqslant F \leqslant F_1 + F_2$。
      - （4）合力可以大于、小于、等于任何一个分力。

习题三

1. 关于力的说法，正确的是(　　)。

A. 只有在物体相互接触时才存在力

B. 甲用力把乙推倒而自己不倒，说明只是甲对乙有力的作用，乙对甲没有力的作用

C. 任何一个物体，一定既是受力物体也是施力物体

D. 用手抛出的石块在向前飞行的过程中，始终受到向前的力来维持它向前运动

2. 关于重力的大小及重心的位置，下列说法正确的是(　　)。

A. 重力是物体本身具有的力，大小与物体的质量成正比

B. 静止在水平面上的物体对水平面的压力一定小于其所受的重力

C. 重力只作用在物体的重心上，重心的位置总在物体的几何中心

D. 重力是由于地球对物体的吸引而产生的，重力的施力物体是地球

3.(多选)在各项体育运动中，有弹力出现的情况比较普遍，如图所示就是一个实例。下列说法正确的是(　　)。

第 3 题图

A. 跳板发生形变，运动员的脚没有发生形变

B. 跳板和运动员的脚都发生了形变

C. 跳板受到的压力是跳板发生形变而产生的

D. 运动员受到的支持力是跳板发生形变而产生的

4.(多选)一根劲度系数为 10^3 N/m 的弹簧，在受 500 N 的力作用时，长度为 63 cm，当不受外力作用时，弹簧的长度可能为(　　)。

A. 83 cm　　B. 13 cm　　C. 113 cm　　D. 38 cm

5. 如图所示，水平力 F 将物体 P 压在竖直墙上，物体 P 始终处于静止状态，则下列判断中正确的是(　　)。

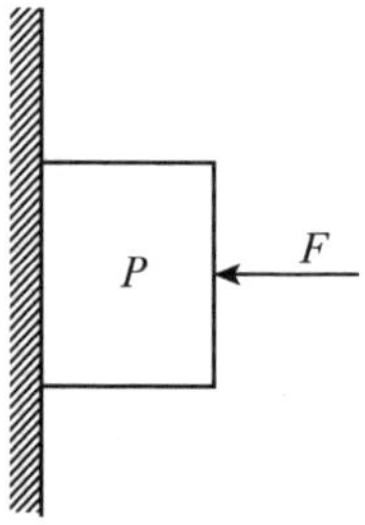

第 5 题图

A. 若增大 F，则 P 所受摩擦力增大

B. 若减小 F，则 P 所受摩擦力减小

C. 若在 P 上放一个物体，则 P 所受摩擦力增大

D. 若在 P 上放一个物体，则 P 所受摩擦力不变

6. 以下关于滑动摩擦力的说法中，正确的是(　　)。

A. 滑动摩擦力的方向总是与物体的运动方向相反

B. 滑动摩擦力总是阻碍物体运动

C. 滑动摩擦力的方向总是与物体的相对运动方向相反

D. 两个互相接触且挤压的物体发生相对运动时，它们都要受到滑动摩擦力的作用

7.(多选)F_1与F_2为作用在同一物体上的两个力，$F_1=10$ N，$F_2=8$ N，它们的合力大小可能是(　　)。

A. 19 N　　B. 18 N　　C. 10 N　　D. 2 N

8. 如图所示，重为 100 N 的物体在水平面上向右运动，物体与水平面的动摩擦因数为 0.2，与此同时物体受到一个水平向左的力 $F=20$ N，那么物体受到的合力为(　　)。($g=10$ N/kg)

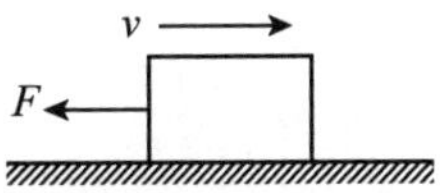

第 8 题图

A. 0　　B. 40 N，水平向左

C. 20 N，水平向右　　D. 20 N，水平向左

9. 有一个木箱重 600 N，静止放在水平地面上，工人沿水平方向向左推木箱，已知木箱与地面的最大静摩擦力为 200 N，木箱与地面间的动摩擦因数为 0.3，求下列情况下木箱所受的摩擦力的大小。

(1)推力 $F=150$ N。

(2)木箱向左匀速运动。

(3)推力 $F=300$ N。

10. 某同学在竖直悬挂的弹簧下加挂钩码，做实验研究弹力与弹簧伸长量的关系。下表是他的实验数据。实验时弹簧始终没有超过弹性限度，弹簧很轻，自身质量可以不计。

(1)根据实验数据在坐标系中作出弹力跟弹簧伸长量 x 的关系的图像。

(2)根据图像计算弹簧的劲度系数。

钩码质量 m/g	0	30	60	90	120	150
弹簧总长度 l/cm	6.0	7.2	8.3	9.5	10.6	11.8

11. 如图所示，重为 G 的球，被一竖直光滑挡板挡住，静止在倾角为 30°的光滑斜面上，试根据力的作用效果对物体所受重力进行分解。

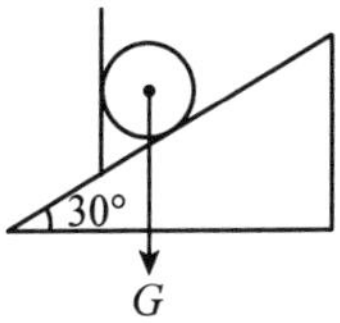

第 11 题图

12. 如图所示，在一根两端系在天花板上的细线上用轻质挂钩悬挂一重为 G 的物体，挂钩与细线之间的摩擦忽略不计。已知细线所成的张角为 θ，求细线的张力。

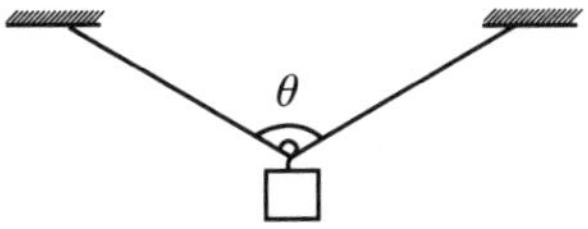

第 12 题图

第四章　牛顿运动定律及其应用

在前面几章，我们学习了怎么描述物体的运动，但是并没有讨论物体为什么会做这种或那种运动。要知道物体做某种运动的原因，我们需要研究物体运动与力的关系。

人类对于物体运动与力的关系的研究经历了漫长而曲折的过程，很多物理学家为此付出了艰辛的努力。三百多年前，牛顿在前人的研究基础上总结出了三条基本运动定律，这些定律揭示了自然界存在着普遍适用的客观规律，精确地描述了宏观物体的运动。

4.1 牛顿第一定律

在研究物体运动原因的过程中，人们的日常经验是：要使一个物体运动，必须对它施加力的作用(推力、拉力等)，如静止的足球用脚施加力后会飞出去。因此，人们直觉地认为，物体的运动是与力的作用相联系的，如果没有力的作用，物体原来的运动便会停止下来。根据这类日常经验，亚里士多德得出结论：物体的运动需要力的作用，若不受力的作用，物体就不会运动或停止运动，即力是维持物体运动的原因。因为亚里士多德在多个学术领域的成就和影响，以及他对运动的看法比较符合人们的日常直觉，所以在此后很长一段时间里，这个结论都被认为是真理。

4.1.1　伽利略的理想实验

三百多年前，伽利略对亚里士多德的理论进行了深入研究，他认为：在水平面上运动的物体之所以会停下来，是因为受到摩擦的缘故。

为了说明运动和力的关系，伽利略设计了如图 4.1.1 所示的理想实验：让小球沿一个斜面 A 从静止状态开始向下滑，小球将冲上另一个斜面 B，并且运动会越来越慢，如果没有摩擦力，小球将上升到原来的高度；减小第二个斜面 B 的坡度，小球运动到同样高度经过的坡长将会变长；继续减小第二个斜面 B 的坡度，小球运动到同样高度经过的坡长会更长。由此，伽利略推测：若将第二个斜面放平，小球将无法达到原来的高度，就会永远地运动下去，却不再需要什么力去推动。这就说明力不是维持物体运动的原因。

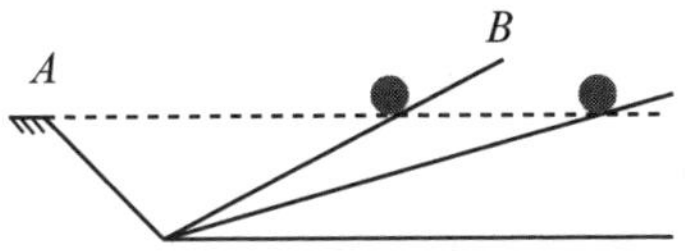

图 4.1.1　伽利略的理想实验示意图

4.1.2　牛顿第一定律和惯性

牛顿在伽利略等科学家的研究基础上通过实验进一步研究了这个问题，并研究了物体静止的情况，总结得到了力和运动的关系。其中**牛顿第一定律**的内容如下：

一切物体总保持匀速直线运动状态或静止状态，除非作用在它上面的力迫使它改变这种状态。

牛顿第一定律指出了力和运动的关系：不受力时，物体保持匀速直线运动状态或静止状态；受力时，力迫使它改变运动状态。牛顿第一定律使我们明白了力不是维持物体运动的原因，而是改变物体运动的原因。

需要说明的是：因为不受力的物体是不存在的，所以牛顿第一定律不是通过实验直接得出的，而是在大量实验的基础上用推理的方法概括出来的，它是利用逻辑思维对事实进行分析的产物，不能用实验直接证明。不过，生活中许许多多的现象可以帮助我们理解牛顿第一定律。例如，在冰球场上，冰球离开球杆后，能以几乎不变的速度继续前进，直到它再一次受到球杆的打击或碰到障碍物，才改变这种状态。

牛顿第一定律还指出一切物体总保持匀速直线运动状态或静止状态的性质，这种性质叫作**惯性**。因此，牛顿第一定律又叫**惯性定律**。

任何物体无论处于什么状态，都具有惯性，它是物体的固有属性。惯性可以解释很多日常生活中的现象。例如，汽车在启动时，车上的乘客身体会向后倾，这是因为汽车已经开始前进，乘客的下半身在汽车的作用下随着汽车前进，由于惯性，其上半身仍然保持静止状态，所以相对车会向后倾斜。同理，汽车在刹车时，车上的乘客身体会向前倾斜，这是因为汽车已经开始减速，乘客的下半身在汽车的作用下随着汽车减速，由于惯性，其上半身仍然保持原来的速度前进，所以相对车会向前倾斜。

物体惯性的大小表现为保持自身原有运动状态不变的能力大小。在相同力的作用下，质量大的物体运动状态难改变，我们就说它惯性大；质量小的物体运动状态容易改变，我们就说它惯性小。由此可见，质量是决定物体运动状态变化难易程度的唯一因素，即质量是物体惯性大小的量度。

练习

1. 火车在长直水平轨道上匀速行驶，车厢内有一个人向上跳起，发现仍落回到车上原处，这是因为什么？

2. 有的同学说：物体不受外力的作用时才有惯性；受外力作用时就没有了惯性。这种说法对吗？

3. 一个同学说，向上抛出的物体，在空中向上运动时，肯定受到了向上的作用力，否则它不可能向上运动。这个结论错在哪里？

4. 关于牛顿第一定律，下列说法正确的是(　　)。

A. 由牛顿第一定律可知，物体在任何情况下始终处于静止状态或匀速直线运动状态

B. 牛顿第一定律只反映惯性的大小，因此也叫惯性定律

C. 牛顿第一定律反映了物体不受外力作用时的运动规律，因此，物体不受外力时才有惯性

D. 牛顿第一定律既揭示了物体保持原有运动状态的原因，又揭示了运动状态改变的原因

5. 下面关于惯性的说法中，正确的是(　　)。

A. 运动的物体具有惯性，静止的物体没有惯性

B. 物体运动的速度越大，它的惯性越大

C. 物体受到的外力越大，它的惯性越大

D. 物体的质量越大，它的惯性越大

4.2 实验：探究加速度与力、质量的关系

4.2.1 影响物体加速度的因素

在第一章我们已经知道，如果物体的速度不变，我们就说它的运动状态不变；如果物体的速度发生变化(包括大小或方向改变)，我们就说它的运动状态改变了，即速度是描述物体运动状态的物理量。我们还知道，加速度是描述物体速度变化快慢的物理量，也就是说，加速度是描述物体运动状态变化快慢的物理量。那么，物体的加速度和什么因素有关呢?

生活经验告诉我们，物体加速度的大小和它所受到的力有关。例如，竞赛用的小汽车，质量与一般的小汽车相仿，但因为安装了强大的发动机，能获得巨大的加速度。又如，用相同的力去推空购物车和满载货物的购物车，在相同时间内，空购物车的速度变化比满载货物的购物车的速度变化大。

这些事实告诉我们，物体的质量一定时，所受的力越大，它获得的加速度就越大；物体所受到的力一定时，物体的质量越大，它获得的加速度就越小。

物理学不满足于这样的定性描述，那么，物体的加速度和物体所受的力、物体本身的质量之间存在什么样的定量关系呢? 下面将通过实验来探究这个问题。

4.2.2 实验：探究加速度与力、质量的定量关系

为了探究一个量与几个量之间的关系，我们通常采用控制变量法。例如，在探究加速度与力、质量的定量关系时，可以先让质量保持不变，研究加速度和力的关系；再让力保持不变，研究加速度和质量的关系。

【实验器材】

小车、打点计时器、纸带、一端带滑轮的长木板、细线、砝码、小盘、刻度尺、天平、学生电源。

【实验方案的设计】

(1)怎样改变和测量小车与砝码的质量?

通过增减砝码的个数改变研究对象的质量，可以用天平称出总质量。

(2)小车和砝码受到的外力是由什么提供的? 怎样改变和测量外力的大小?

外力是由小盘和砝码的重力提供的；通过增减小盘中的砝码个数从而改变细绳的拉力，利用天平测出小盘和砝码的质量，利用 $G=mg$ 计算力的大小。需要注意的是：这两个力只是近似相等，条件是盘和砝码的质量要远远小于小车的质量。

(3)小车在运动时要受到摩擦力，如何克服摩擦力呢?

要克服摩擦力，可以在长木板不带定滑轮的一端下面垫一木块(图 4.2.1)，反复移动木块的位置，直到轻推小车在斜面上运动时可保持匀速直线运动为止，此时重力沿斜面向下的分力 G_1 与摩擦力平衡(图 4.2.2)。

图 4.2.1

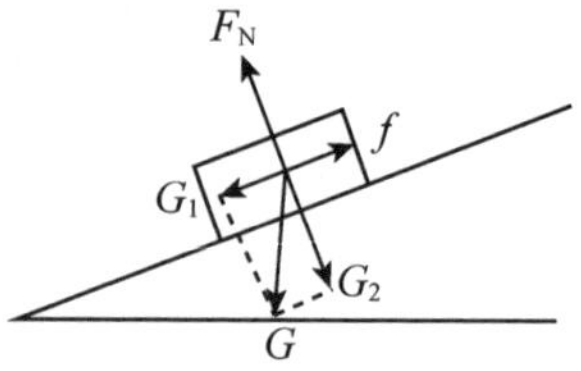

图 4.2.2

(4)怎样利用纸带记录的数据算出被研究对象的加速度?

在纸带上标记出几个计数点，利用 $\Delta x=aT^2$ 计算加速度。为保证结果的准确性，可多选几个计数点，采用逐差法计算加速度。

【实验步骤与数据处理】

(1)用天平测出小车和砝码的总质量 M，把数值记录下来。

(2)按图 4.2.3 把实验器材安装好，只是不把悬挂小盘的细绳系在车上，即不给小车施加牵引力。

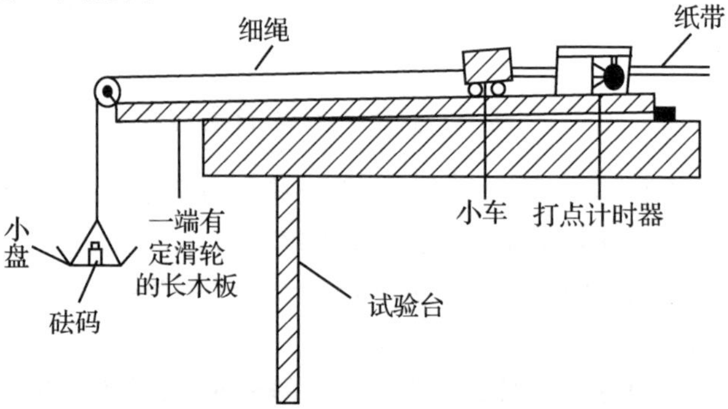

图 4.2.3　探究加速度与力、质量的定量关系的实验装置图

(3)平衡摩擦力：在长木板不带定滑轮的一端下面垫一块木板，反复移动木板的位置，直至小车在斜面上运动时可以保持匀速直线运动状态(纸带上相邻点间距相等)，这时，小车拖着纸带运动时受到的摩擦阻力恰好与小车所受的重力在斜面方向上的分力平衡。

(4)用天平测出小盘和砝码的总质量 m 并记录下来，并通过细绳把小盘(小盘内有砝码)系在小车上，先接通电源再放开小车，打点计时器在纸带上打下一系列的点，打完点后切断电源，取下纸带，并设计表 4.2.1。

表 4.2.1　加速度与力的关系

次数	1	2	3	4	5	6
小车加速度 $a/(\mathrm{m\cdot s^{-2}})$						
小盘和砝码的质量 m/kg						
拉力 F/N						

(5)保持小车和砝码的质量不变，改变小盘里砝码的个数，按步骤(4)再做 5 次实验。

(6)在每条纸带上都选取一段比较理想的部分，标明计数点，测量计数点间的距离，算出每条纸带上的加速度的值，填入表 4.2.1 中。

(7)用纵坐标表示加速度 a，横坐标表示作用力 F，根据实验结果画出小车运动的 a-F 图像，从而得出 a 与 F 的关系[图 4.2.4(a)]。

(8)保持小盘和砝码的质量不变，在小车上加砝码，重复上面的实验，求出相应的加速度 a，并设计表 4.2.2。根据实验结果画出小车运动的 a-$\frac{1}{m}$图像，从而得出 a 与 m 的关系。

表 4.2.2　加速度与质量的关系

次数	1	2	3	4	5	6
小车加速度 $a/(\mathrm{m\cdot s^{-2}})$						
小车质量 m/kg						
$\frac{1}{m}/\mathrm{kg^{-1}}$						

要说明的是，设计表 4.2.2 时，根据我们的经验：物体所受到的力一定时，物体的质量越大，它获得的加速度就越小。这表明，加速度可能与质量(m)成反比，也可能是与质量的平方(m^2)成反比，在这里，我们从最简单的情况来考虑，检验加速度是否与质量(m)成反比。

若加速度与质量(m)成反比，则 a-m 是一条曲线[图 4.2.4(b)]，检验a-m图像是不是双曲线就可以判断它们之间的关系，但是判断这条曲线是不是双曲线，相当困难。考虑到加速度与质量(m)成反比，则必有加速度与质量的倒数$\left(\frac{1}{m}\right)$成正比，所以我们采用“化曲为直”的方法，以 a 为纵坐标，$\frac{1}{m}$为横坐标，作 a-$\frac{1}{m}$图像[图 4.2.4(c)]。

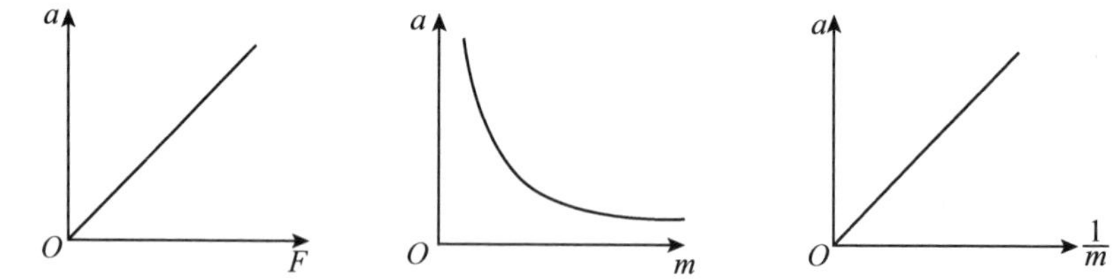

(a) 小车的a-F图像　(b) 小车的a-m图像　(c) 小车的a-$\frac{1}{m}$图像

图 4.2.4

练习

1.(多选)在“探究加速度与力、质量的定量关系”的实验中，关于平衡摩擦力的说法中正确的是(　　)。

A.“平衡摩擦力”的本质就是让小车受到的摩擦力为零

B.“平衡摩擦力”的本质就是使小车所受的重力沿斜面方向的分力与所受到的摩擦阻力相平衡

C.“平衡摩擦力”的目的就是要使小车所受的合力等于所挂砝码通过细绳和滑轮对小车施加的拉力

D.“平衡摩擦力”是否成功，可根据小车拖动的由打点计时器打出的纸带上的点迹间距是否均匀来确定

2. 在“探究加速度与力、质量的定量关系”的实验中，当保持力不变研究加速度与质量的关系时，为了更直观地判断加速度 a 是否与质量 m 成反比，我们应作(　　)。

A. a-m 图像　　B. a-m^2 图像

C. a-$\frac{1}{m}$图像　　D. a-$\frac{1}{m^2}$图像

3. 在“探究加速度与力、质量的定量关系”的实验中：

(1)某小组得到一条打点的纸带，如图 4.2.5 所示，相邻计数点间的时间间隔为 T，且间距 x_1，x_2，x_3，x_4，x_5，x_6 已量出，写出计算 D 点的瞬时速度的表达式，加速度的表达式。

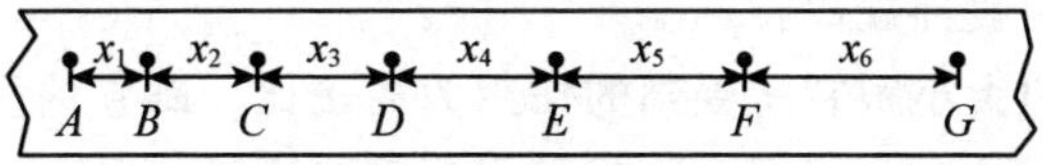

图 4.2.5

(2)另一小组在该实验中得到了表 4.2.3 所示的一组实验数据。

表 4.2.3　实验数据

F/N	0.196	0.392	0.392	0.588	0.588
$a/(\text{m}\cdot\text{s}^{-2})$	0.25	0.58	0.90	1.20	1.53

①请在图 4.2.6 所示的坐标系中画出 a-F 图像。

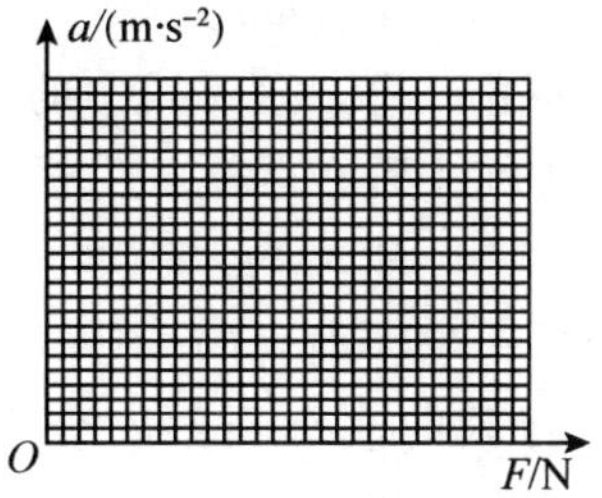

图 4.2.6

②(多选)从图 4.2.6 中可以发现实验操作中存在的问题可能是(　　)。

A. 实验中没有平衡摩擦力

B. 实验中平衡摩擦力时木板倾角过小

C. 实验中平衡摩擦力时木板倾角过大

D. 实验中小车质量发生了变化

4.3　牛顿第二定律

上一节的实验告诉我们：当物体的质量相同时，加速度跟物体所受的力成正比，即 $a\propto F$；当物体所受的力一定时，加速度跟物体的质量成反比，即 $a\propto\frac{1}{m}$。综合上述两个结论我们可以得出：

$$a\propto\frac{F}{m}。$$

力和加速度都是矢量，大量实验已经证实，加速度的方向与物体所受力的方向相同，且物体所获得的加速度大小仅和物体所受的力及其质量有关。由此我们可以总结出一般性规律：

物体加速度的大小跟它所受到的作用力成正比，跟它的质量成反比，加速度的方向跟作用力的方向相同。这就是**牛顿第二定律**。它用比例式表示为：

$$a \propto \frac{F}{m} \text{或者} F \propto ma。$$

这个比例式也可以写为数学等式：

$$F = kma。$$

其中 k 为比例系数。在国际单位制中，力的单位是牛顿，并且把能够使质量是 1 kg 的物体产生 1 $\mathrm{m/s^2}$ 的加速度的这么大的力定义为 1 N，即 1 N＝1 kg · $\mathrm{m/s^2}$，因此，如果都用国际单位制的单位，上式中的比例系数 $k=1$，上式可简化成：

$$F = ma。$$

实际物体所受的力往往不止一个，这时式中的 F 指的是物体所受的合力，加速度的方向也是与合力的方向一致。因此，牛顿第二定律可以表示为：

$$F_{合} = ma。$$

式中的各物理量是针对同一物体而言的，公式表明了 F 和 a 的瞬时关系。例如，在水平面上加速向右行驶的汽车受到的合力是向右的[图 4.3.1(a)]，此时加速度方向也向右；当汽车关闭发动机后，汽车只受到重力、支持力和摩擦力，它所受到的合力方向向左[图 4.3.1(b)]，此时加速度方向也向左。

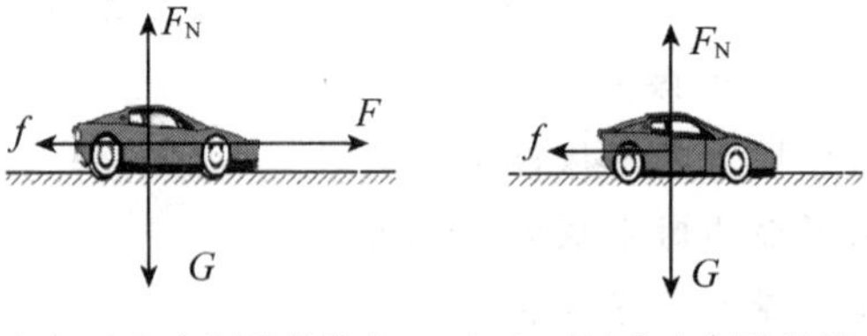

（a）加速向右行驶的汽车　（b）减速向右行驶的汽车

图 4.3.1

【思考】从牛顿第二定律可知，无论多么小的力都可以使物体产生加速度，可是，我们用力提一个很重的箱子，却提不动它，这跟牛顿第二定律有无矛盾？为什么？

【例题 1】质量为 8×10^3 kg 的汽车，在水平的公路上沿直线行驶，汽车的牵引力为 1.45×10^4 N，所受阻力为 2.5×10^3 N。求汽车前进时的加速度。

分析：由于路面水平，汽车在竖直方向受到的重力和地面的支持力大小相等，方向相反，合力为 0，故只需考虑汽车在水平方向的运动。在水平方向，汽车受到牵引力和阻力，使汽车产生加速度的力是这两个力的合力。

解：对汽车的受力分析如图 4.3.2 所示，汽车所受合力为

$$F_{合}=F-F_f。$$

由牛顿第二定律有

$$F-F_f=ma。$$

所以

$$a=\frac{F-F_f}{m}。$$

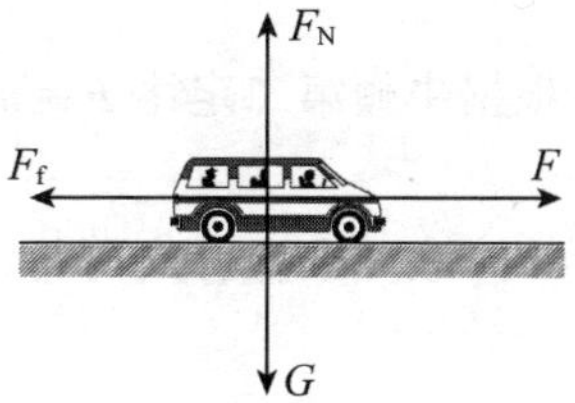

图 4.3.2

代入数据可得

$$a=\frac{1.45\times10^4\ \text{N}-2.5\times10^3\ \text{N}}{8\times10^3\ \text{kg}}=1.5\ \text{m/s}^2。$$

即汽车前进时的加速度大小为 1.5 m/s^2，方向与前进的方向相同。

【例题 2】如图 4.3.3 所示，一质量为 40 kg 的木箱静止在水平面上，它与水平地面间的动摩擦因数为 $\mu=0.2$，现用斜向右下方与水平方向成 $\theta=37°$、大小为 200 N 的力 F 推木箱，求 4 s 末木箱的速度。($g=10\ \text{m/s}^2$)

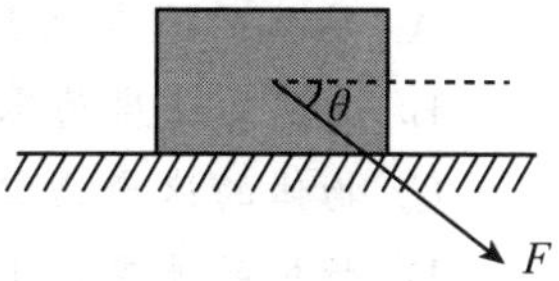

图 4.3.3

分析：木箱受到斜向右下方与水平方向成 θ 角的力 F 可以分为沿水平方向的力F_1和竖直向下的力F_2，通过直角三角形的三角函数关系可以确定F_1，F_2和 F 的关系。

木箱在竖直方向上没有运动，它在竖直方向上所受的力的合力为 0，所以只考虑水平方向上的受力和运动情况。在水平方向上，木箱在恒力的作用下做匀加速直线运动。先用牛顿第二定律 $F=ma$ 求出加速度 a，然后用公式 $v=v_0+at$ 求出 v。

解：对木箱进行受力分析，建立平面直角坐标系(图 4.3.4)，把推力 F 分解为沿水平方向的分力 F_1 和沿竖直方向的分力 F_2，根据直角三角形中的三角函数关系可得

$$F_1=F\cos\theta,$$

$$F_2=F\sin\theta。$$

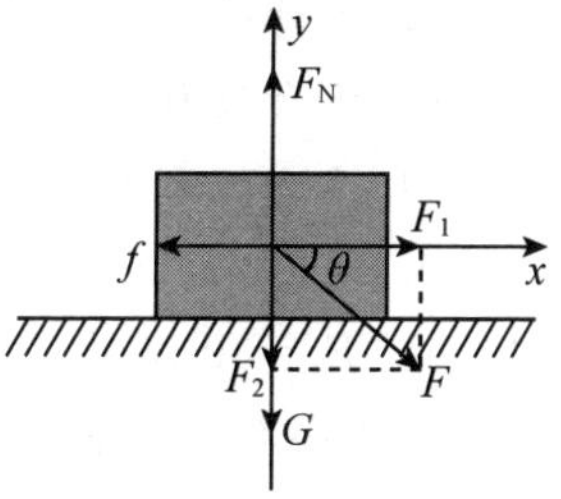

图 4.3.4

木箱在竖直方向上所受合力为 0，即

$$F_y=F_N-F_2-G=0。$$

又因为木箱所受滑动摩擦力为

$$f=\mu F_N,$$

木箱在水平方向上所受合力为

$$F_x=F_1-f,$$

根据牛顿第二定律 $F=ma$ 有

$$F_1-f=ma。$$

联立以上各式可得

$$a=\frac{F\cos\theta-\mu(F\sin\theta+G)}{m}。$$

代入数据得

$$a=1.4\ \text{m/s}^2。$$

由公式 $v=v_0+at$ 求得 4 s 末木箱的速度为

$$v=v_0+at=0+4\times1.4\ \text{m/s}=5.6\ \text{m/s}。$$

练习

1. 关于速度、加速度、合力间关系的说法正确的是(　　)。

A. 物体的速度越大，则物体的加速度越大，所受合力也越大

B. 物体的速度为零，则物体的加速度一定为零，所受合力也为零

C. 物体的速度为零，加速度可能很大，所受的合力也可能很大

D. 物体的速度很大，加速度可能为零，所受的合力一定不为零

2.（多选）下列对牛顿第二定律的理解正确的是(　　)。

A. 由 $F=ma$ 可知，F 与 a 成正比，m 与 a 成反比

B. 牛顿第二定律说明当物体有加速度时，物体才受到外力的作用

C. 加速度的方向与合力的方向一致

D. 当外力停止作用时，加速度随之消失

3. 已知空气对物体的阻力大小与速度的大小成正比，则竖直上抛的物体加速度大小怎样变化？(　　)

A. 上升过程加速度增大，下降过程加速度减小

B. 上升过程加速度增大，下降过程加速度也增大

C. 上升过程加速度减小，下降过程加速度也减小

D. 上升过程加速度减小，下降过程加速度增大

4. 如图 4.3.5 所示，两个人同时用大小分别为 $F_1=120$ N，$F_2=80$ N 的水平拉力拉放在水平光滑地面上的小车，如果小车的质量 $m=20$ kg，则小车的加速度为(　　)。

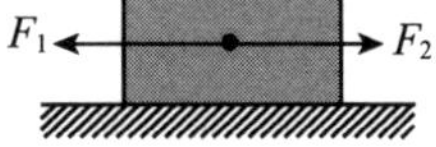

图 4.3.5

A. 方向向左，大小为 10 m/s^2

B. 方向向左，大小为 2 m/s^2

C. 方向向右，大小为 10 m/s^2

D. 方向向右，大小为 2 m/s^2

5. 用多大的合力才能使质量为 2×10^4 kg 的火箭产生 1 m/s^2 的竖直向上的

加速度？

6. 作用在质量为 3 kg 的物体上的合力为 12 N，该物体的加速度是多少？如果作用力为 6 N，那么加速度又为多少？

7. 一个物体受到F_1＝4 N 的力，产生a_1＝1 m/s^{2}的加速度，要使它产生a_2＝5 m/s^{2}的加速度，需要施加多大的力？

8. 一个物体的加速度为 2 m/s^2，如果作用在物体上的合力增大到原来的 3 倍，物体的质量减少为原来的一半，那么此时该物体的加速度是多少呢？

9. 甲、乙两辆实验小车在相同的力的作用下，甲车产生的加速度为 1.5 m/s^2，乙车产生的加速度为 4.5 m/s^2，甲车的质量是乙车的几倍？

10. 水平路面上质量为 30 kg 的手推车，在受到 60 N 的水平推力时做加速度为 1.5 m/s^{2}的匀加速运动。如果撤去推力，车的加速度是多少？

11. 如图 4.3.6 所示，静止在水平地面上的物体质量为m＝20 kg，受到与水平面夹角为 53°的斜向上的拉力F，物体与地面的动摩擦因数为 0.2，求：

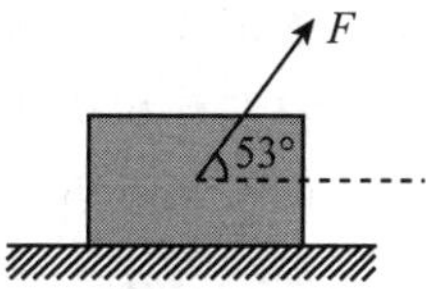

图 4.3.6

(1)把该物体看作质点，作出其受力示意图。

(2)地面对该物体的支持力。

(3)物体运动的加速度的大小。(sin 53°＝0.8，cos 53°＝0.6，g＝10 m/s^2)

4.4　牛顿第三定律

4.4.1　作用力和反作用力

生活中，我们用手压桌子，桌子受到手的压力，同时桌子发生微小形变，手受到桌子的弹力[图 4.4.1(a)]；用手拉动桌子上的书，书会受到桌子对它的摩擦力，同时书也会对桌子产生摩擦力的作用[图 4.4.1(b)]；鸟儿的翅膀向下推压空气，空气给鸟儿一个向上的力，使得鸟儿可以翱翔天空[图 4.4.1(c)]……

(a)　(b)　(c)

图 4.4.1

观察和实验表明，两个物体之间的作用总是相互的。一个物体对另一个物体产生了力的作用，另一个物体一定会对这个物体也产生力的作用。物体间这一对相互作用的力，通常叫作**作用力**和**反作用力**。我们可以把其中一个力叫作作用力，另一个力叫作反作用力。

作用力和反作用力分别作用在两个不同的物体上，它们同时产生、同时变化、同时消失，是相同性质的力。

4.4.2 牛顿第三定律及其表达式

作用力与反作用力之间的定量关系由日常经验与观察无法得出，需要通过实验测量才能得到。

【实验探究】

如图 4.4.2 所示，取两个弹簧测力计 A，B，把 B 的圆环固定，手拿 A 与 B 让它们互相钩住，再用手沿水平方向匀速拉动 A 的圆环端至某一位置停下，读出两个弹簧测力计的示数并填入表 4.4.1 中，然后将其中一个弹簧测力计的读数减小几次，观察另一个弹簧测力计的示数并将读数填入表 4.4.1 中。

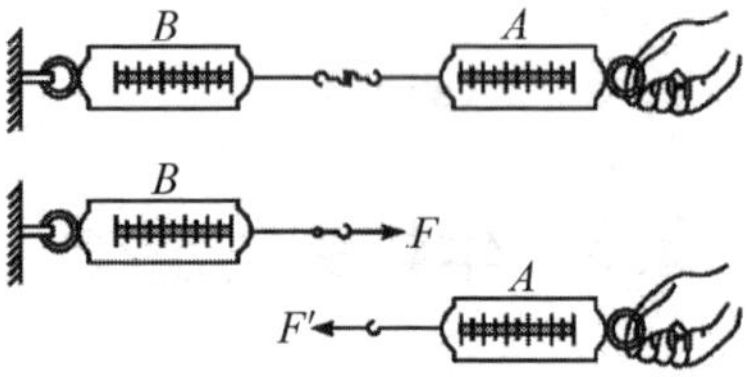

图 4.4.2 比较两个弹簧测力计上的示数

表 4.4.1 弹簧测力计 A 与 B 的示数对比

实验次数	弹簧测力计 A 示数	弹簧测力计 B 示数
1		
2		
3		

大量现象和实验均表明：**两个物体之间的作用力(F)和反作用力(F')总是大小相等，方向相反，作用在同一直线上**。这就是**牛顿第三定律**。牛顿第三定律可以用公式表示为：

$$F=-F'。$$

式中的负号表示两个力的方向相反。

【讨论】

(1)“扳手腕”是学生课余非常喜爱的一项游戏。甲、乙两同学“扳手腕”游戏，结果甲扳赢了乙，则甲对乙的作用力一定大于乙对甲的作用力，这种说法正确吗？

(2)有人认为，在拔河比赛中(图 4.4.3)，既然双方的作用力和反作用力大小相等，应该不可能分出胜负，实际上却总有一方获胜，这是否违背了牛顿第三定律？

图 4.4.3　拔河比赛

练习

1. 关于牛顿第三定律，下面说法正确的是(　　)。

A. 两物体间先有作用力，后有反作用力

B. 作用力与反作用力可以是不同性质的力

C. 作用力与反作用力同时产生，同时消失

D. 作用力与反作用力的合力等于零

2. 关于两个物体间的作用力与反作用力，下列说法中正确的是(　　)。

A. 有作用力才有反作用力，因此先有作用力后产生反作用力

B. 只有在两个物体处于平衡状态时，作用力与反作用力才大小相等

C. 作用力与反作用力只存在于相互接触的两个物体之间

D. 若作用力是摩擦力，则反作用力也一定是摩擦力

3. 吊于教室天花板上的物体处于静止状态，下列说法正确的是(　　)。

A. 绳对物体的拉力和物体对绳的拉力是一对作用力与反作用力

B. 物体的重力和物体对绳的拉力是一对平衡力

C. 物体的重力与绳对物体的拉力是一对作用力与反作用力

D. 物体的重力的反作用力作用在绳上

4. 如图 4.4.4 所示，P 和 Q 叠放在一起，静止在水平桌面上。在下列各对力中属于作用力和反作用力的是(　　)

A. P 所受的重力和 Q 对 P 的支持力

B. Q 所受的重力和 Q 对 P 的支持力

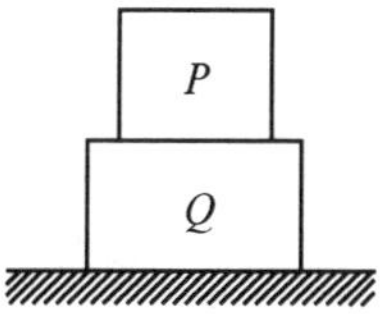

图 4.4.4

C. P 对 Q 的压力和 Q 对 P 的支持力

D. Q 对桌面的压力和 Q 对 P 的支持力

5. 马拉车之所以能将车拉动，有人说是因为马拉车的力比车拉马的力要大，也有人说是因为马拉车的力比车受到地面的摩擦力要大。他们的理由成立吗？为什么？

6. 汽车在快车道上行驶时，一只小虫撞到挡风玻璃上，小虫和挡风玻璃受到的力哪个大？

7. 在足球比赛中，运动员将球踢进了球门，而他却没有因为受到反作用力的作用而后退。这是两者间的相互作用力不一样导致的吗？

4.5 牛顿运动定律的应用

4.5.1 物体的受力分析

一定质量的物体，它的加速度由它所受各个力的合力决定。因此，要了解物体的运动情况，就必须对物体进行受力分析。在中学阶段，我们遇到的力主要有重力、弹力和摩擦力。重力是由于地球的吸引而使物体受到的力，其作用点是重心，方向竖直向下。物体所受的弹力和摩擦力是与它接触的物体对它的作用。当两个接触面相互挤压时，接触面存在弹力；当两个粗糙的接触面具有相对运动趋势或者有相对运动时，接触面便存在静摩擦力或者滑动摩擦力，方向与接触面平行。

如图 4.5.1 所示，一个木块静止在粗糙的斜面上，我们可以按照重力、弹力、摩擦力的顺序对它进行受力分析。木块受到竖直向下的重力(G)；木块与斜面接触并相互挤压，所以木块受到垂直于斜面向上的支持力(F_N)；假设木块与斜面之间没有摩擦，木块会向下滑动，由此可以判断，木块相对斜面有向下运动的趋势，它受到沿斜面向上的静摩擦力(f)。通常在不考虑物体的转动效果时，可以将物体所受到的各个力集中画在同一个作用点上，如图 4.5.2 所示。

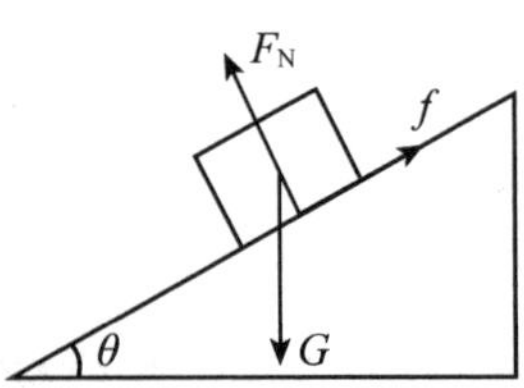

图 4.5.1 木块的受力示意图

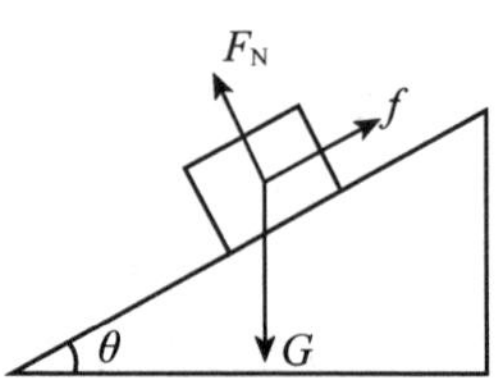

图 4.5.2 从同一点画出木块的受力示意图

4.5.2　牛顿运动定律的应用实例

牛顿第二定律确定了运动和力的关系，给出了质量、力和加速度三者之间的定量关系式，使我们能够把物体的运动情况与受力情况联系起来，并由这个关系式利用一些已知量求得未知物理量。由于我们目前知识的局限性，一般利用牛顿第二定律解决的问题包括以下两类。

(1)从受力情况确定运动情况。如果已知物体受力情况，可由牛顿第二定律求出物体的加速度，再通过运动学的规律确定物体的运动情况。

【例题 1】一个静止在水平面上的物体，质量是 10 kg，在 8 N 的水平拉力作用下沿水平面向右运动，物体与水平面间的动摩擦因数为 0.02。求物体 5 s 末的速度和 5 s 内发生的位移。($g=10\ \text{m/s}^2$)

分析：这个问题是已知物体的受力情况，求它运动的速度和位移。物体在竖直方向上没有运动，它在竖直方向上所受的重力和地面的支持力平衡，即 $G=F_N$，所以只考虑水平方向上的受力和运动情况。在水平方向上，木箱在拉力和滑动摩擦力的共同作用下做匀加速直线运动，先用牛顿第二定律 $F=ma$ 求出加速度 a，然后用公式 $v=v_0+at$ 求出速度 v，用 $x=v_0t+\frac{1}{2}at^2$ 求出位移 x。

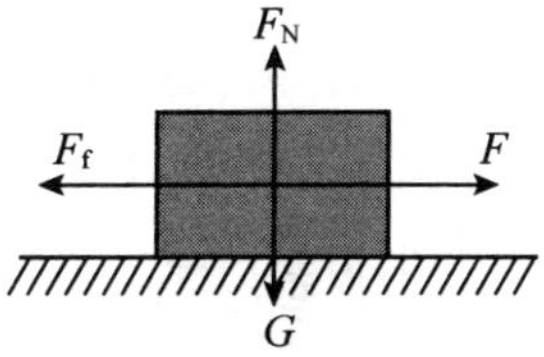

图 4.5.3

解：物体受力分析如图 4.5.3 所示，则物体在水平方向所受合力为

$$F_{合}=F-F_f。$$

由牛顿第二定律有

$$F-F_f=ma,$$

又有 $F_f=\mu F_N$，

所以

$$a=\frac{F-\mu F_N}{m}。$$

代入数据可得

$$a=\frac{F-\mu F_N}{m}=\frac{8-0.02\times10\times10}{10}\ \text{m/s}^2=0.6\ \text{m/s}^2。$$

由公式 $v=v_0+at$ 求得 5 s 末物体的速度为

$$v=v_0+at=0+0.6\times5\ \text{m/s}=3\ \text{m/s}。$$

由公式 $x=v_0t+\frac{1}{2}at^2$ 求得 5 s 内物体的位移为

$$x=v_0t+\frac{1}{2}at^2=0+\frac{1}{2}\times0.6\times5^2\ \text{m}=7.5\ \text{m}。$$

(2)从运动情况确定受力情况。如果已知物体的运动情况，可根据运动学公式求出物体的加速度，再由牛顿第二定律确定物体的受力情况。

【例题 2】一物体以$v_0=20$ m/s 的初速度沿直线冲上一倾角为 37°的斜坡，从冲坡开始计时，至 2.5 s 末，物体速度变为零。如果该物体的质量为 80 kg，求物体受到的阻力(包括摩擦和空气阻力)。($g=10$ m/s^2)

分析：建立如图 4.5.4 所示平面直角坐标系，以v_0方向为 x 轴正方向。物体在斜坡上的运动情况为：初速度为 $v_0=20$ m/s，末速度为 0，运动时间为 2.5 s。根据匀变速直线运动的公式可以求出加速度 a，然后根据物体在运动中的受力情况以及牛顿第二定律可以将物体受到的阻力求出来。

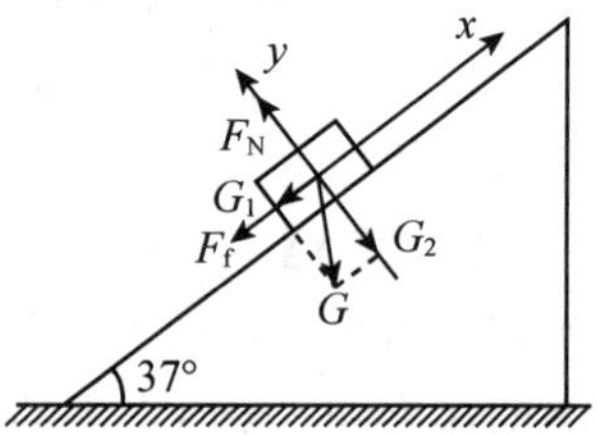

图 4.5.4

解：根据公式 $v=v_0+at$ 有

$$a=\frac{v-v_0}{t}=\frac{0-20}{2.5}\ \text{m/s}^2=-8\ \text{m/s}^2。$$

其中的“−”表示加速度方向与 x 轴正方向相反。

对物体进行受力分析，将物体受到的重力分解为沿斜面向下的G_1和垂直于斜面的G_2，则

$$G_1=G\sin 37°,$$
$$G_2=G\cos 37°。$$

在 y 轴方向上，物体没有运动，所以重力的分力G_2与斜面对物体的支持力大小相等，即

$$F_N=G_2。$$

在 x 轴方向上，由物体的受力和运动情况建立方程

$$-G_1-F_f=ma。$$

将 $a=-8$ m/s^{2}代入上式解得

$$F_f=-G_1-ma=-80\times10\times0.6\ \text{N}+80\times8\ \text{N}=160\ \text{N}。$$

练习

1. 如图 4.5.5 所示，质量为 4 kg 的物体，以 2 m/s 的速度在水平方向上匀速前进。若物体与水平面间的动摩擦因数为 0.2，则水平拉力 F 多大？若 F 突然变为 $F'=6$ N，并持续作用 2 s，求在这 2 s 内，物体的位移是多大？($g=10$ m/s^2)

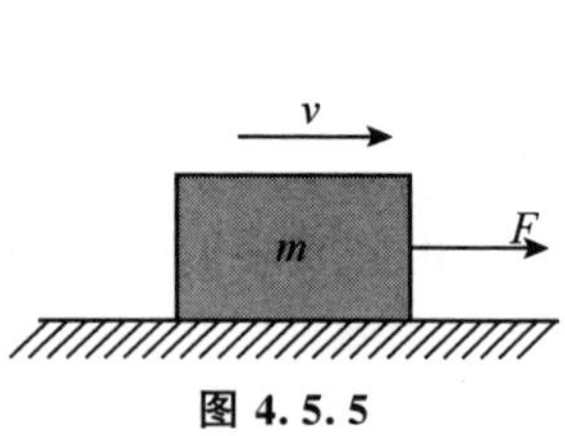

图 4.5.5

2. 水平桌面上质量为 1 kg 的物体受到 2 N 的水平拉力，产生 1.5 m/s^2 的加速度，若水平拉力增至 4 N，则物体将获得多大的加速度？($g=10$ m/s^2)

3. 一个静止在水平面上的物体，质量是 2 kg，在 6.4 N 的水平拉力作用下沿水平面向右运动，物体与水平面间的滑动摩擦力为 4.2 N。求物体 4 s 末的速度和 4 s 内发生的位移。

4. 一辆质量为 2 t 的汽车，在水平公路上以 54 km/h 的速度匀速行驶。根据测试，这辆车在这种路面上紧急刹车时，所受的制动力为 1.2×10^4 N。汽车要滑行多大距离才能停下来？

5. 一辆以 10 m/s 的速度行驶的汽车，刹车后经过 2 s 停下来。已知汽车的质量为 4 t，汽车所受的制动力有多大？

6. 某质量为 1 100 kg 的汽车在平直路面试车，当达到 100 km/h 的速度时关闭发动机，经过 70 s 停下来，汽车受到的阻力是多大？若重新起步加速时牵引力为 2 000 N，则汽车的加速度为多大？（假定试车过程中汽车受到的阻力不变）

7. 一个物体受到竖直向上的拉力，由静止开始向上运动。已知向上的拉力 F 为 640 N，物体在最初的 2 s 内的位移为 6 m，问物体的质量是多少？

8. 一个滑雪的人，质量 $m=75$ kg，以 $v_0=2$ m/s 的初速度沿山坡匀加速滑下，山坡的倾角 $\theta=30°$，在 $t=5$ s 的时间内滑下的路程 $x=60$ m，求滑雪人受到的阻力(包括摩擦和空气阻力)。($g=10\ \mathrm{m/s^2}$)

4.6　超重和失重

生活中偶尔会碰到这样有趣的现象：多人同乘一台电梯，当电梯静止时，超重报警装置并没有响，可是当电梯刚向上运动时，报警装置却响起来了，运行一段时间后，报警装置又不响了。难道人的体重会随着电梯的运动而发生改变吗？

【思考】人站在体重计上，在下蹲、起立的过程中，体重计上的示数有什么变化？为什么称体重时人必须保持静止？

【例题 1】如图 4.6.1 所示，人的质量为 m，当人随电梯以加速度 a 加速上升时，人对电梯地板的压力 F'是多大？

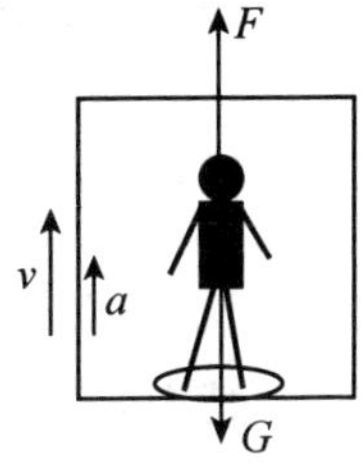

图 4.6.1　人在加速上升时的受力分析

解：对人的受力分析如图 4.6.1 所示。

物体所受的合力为：$F_{合}=F-G$。

根据牛顿第二定律有 $F_{合}=F-G=ma$。

故 $F=G+ma=m(g+a)$。

由牛顿第三定律得 $F'=F=m(g+a)$。

根据以上分析可以知道，$F'=m(g+a)>mg$，所以当电梯加速上升时，人对电梯地板的压力比人受到的重力大。

我们将物体对悬挂物的拉力或者对支持物的压力称为视重，而物体实际的重力称为实重，如图 4.6.2 所示，其中重力 G 为实重，弹簧对物体的拉力 F 为视重。

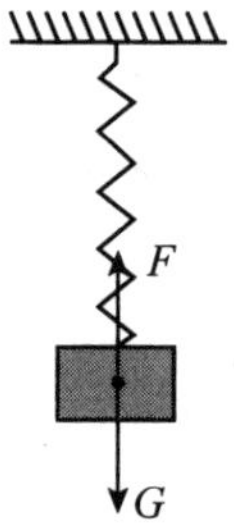

图 4.6.2

物体对支持物的压力(或对悬挂物的拉力)大于物体所受重力(即视重大于实重)的现象称为**超重现象**。

同理，当电梯加速下降(或减速上升)时，加速度向下，合力向下，可以推导出：

$$F=G-ma=m(g-a)。$$

由牛顿第三定律可知此时人对电梯地板的压力 $F'=m(g-a)<mg$，此时人对电梯地板的压力比人自身所受到的重力小。

我们把物体对支持物的压力(或对悬挂物的拉力)小于物体所受重力(即视重小于实重)的现象称为**失重现象**。

如果物体竖直向下的加速度 $a=g$，那么人对电梯地板的压力 $F'=m(g-a)=0$，我们把物体对支持物的压力(或对悬挂物的拉力)等于零的现象称为**完全失重现象**。例如，做自由落体运动或者竖直上抛运动的物体就处于一种完全失重状态。

【例题 2】在楼房的阳台外以初速度 20 m/s 竖直上抛一物体，在忽略空气阻力的情况下，求抛出 5 s 末物体的位移和速度。

分析：这个物体做的是竖直上抛运动，与自由落体运动类似，它在运动过程中只受到重力的作用，因此它的加速度也是 g，方向竖直向下。由于物体的初速度和加速度方向相反，但都在竖直方向上，所以这个物体在竖直方向上做匀减速直线运动，可以应用匀变速直线运动的规律。

解：如图 4.6.3 所示，以抛出点为原点，竖直向上方向为正方向建立坐标轴。初速度方向与坐标轴的正方向一致，所以取正号，$v_0=20\ \text{m/s}$；加速度方向与初速度方向相反，所以取负号，即 $a=-10\ \text{m/s}^2$；时间 $t=5$ s。

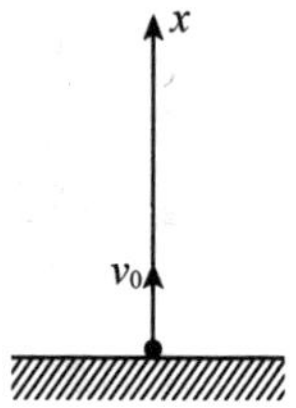

图 4.6.3　物体运动示意图

根据匀变速直线运动的速度与时间的关系可以得到

$$v=v_0+at=20\ \text{m/s}+(-10)\times 5\ \text{m/s}=-30\ \text{m/s}。$$

根据匀变速直线运动的位移与时间的关系可以得到

$$x=v_0t+\frac{1}{2}at^2=20\times 5\ \text{m}+\frac{1}{2}\times(-10)\times 5^2\ \text{m}=-25\ \text{m}。$$

其中，负号表示抛出 5 s 末物体的位移和速度方向与初速度方向相反，即 5 s 末物体的位移在抛出点以下 25 m，物体以 30 m/s 的速度沿竖直方向向下运动。

练习

1. 下列四个实验中，能在绕地球飞行的太空实验舱中完成的是(   )。

A. 用弹簧测力计测物体的重力

B. 用天平测物体的质量

C. 用温度计测舱内的温度

D. 用水银气压计测舱内气体的压强

2. (多选)原来做匀速运动的升降机内，有一被伸长弹簧拉住的具有一定质量的物体 A 静止在底板上，如图 4.6.4 所示，现发现 A 突然被弹簧拉向右方，由此可以判断，此升降机的运动可能是(   )。

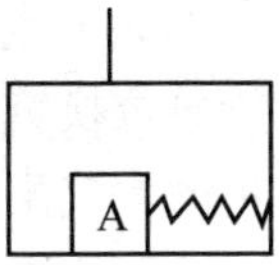

图 4.6.4

A. 加速上升　　B. 减速上升

C. 加速下降　　D. 减速下降

3. 如图 4.6.5 所示，浸在水中的小球的密度小于水的密度，固定在轻弹簧的一端，弹簧的另一端固定在容器的底部，当整个系统自由下落时，弹簧长度将(   )。

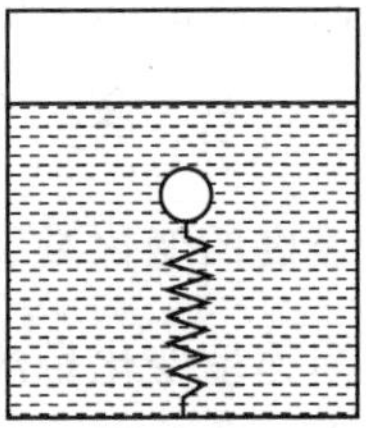

图 4.6.5

A. 变长

B. 不变

C. 恢复原长

D. 条件不足，无法确定

4. 如图 4.6.6 所示，一个重为 10 N 的球固定在支杆 AB 的上端。现用一段绳子水平拉球，使杆发生弯曲，已知绳的拉力为 7.5 N，则 AB 杆对球的作用力(   )。

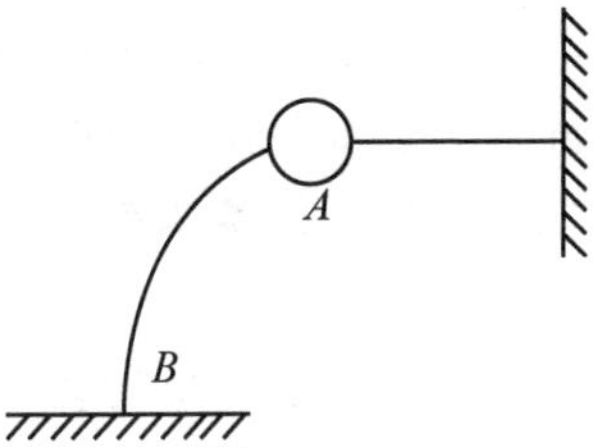

图 4.6.6

A. 大小为 7.5 N

B. 大小为 10 N

C. 方向与水平方向成 53°角斜向右下方

D. 方向与水平方向成 53°角斜向左上方

5. 在火箭竖直上升的加速阶段，当加速度达到 70 m/s^2 时，宇航员对座椅的压力大小等于自身重力的多少倍？此刻宇航员是处于超重状态还是失重状态？

6. 一电梯由 3 楼向 4 楼运动，接近 4 楼时以 0.65 m/s^2 的加速度减速，电梯内一名乘客的质量为 60 kg，则电梯底面对他的支持力为多少？他处于超重状态还是失重状态？电梯以多大的加速度减速时，电梯对他的支持力为零？

7. 一根细绳下端挂着一个质量为 2 kg 的物体，在竖直方向上做匀变速直线运动，若绳子受到物体的拉力为 23.6 N，试确定物体的运动情况。若绳的拉力为 15.6 N，物体的运动情况又如何？

8. 质量为 55 kg 的人站在升降机中的体重计上，当升降机以 0.6 m/s² 的加速度加速上升时，体重计的示数是多少？当升降机以 2.0 m/s² 的加速度加速下降时，体重计的示数是多少？

4.7 力学单位制

20 世纪末美国曾发射一枚火星探测器，在设定环绕轨道半径时，没有进行单位换算，导致探测器离火星过近，温度过高而起火，随后脱离轨道坠入火星的大气层，致使美国损失了价值 1.25 亿美元的火星探测器。由此可见，为了方便交流，需要有一个统一的单位标准，那么，如何制定统一的单位标准呢？

由公式 $F=ma$ 可以知道，当质量的单位是千克，加速度的单位是米每二次方秒时，力的单位就是千克米每二次方秒，也就是牛顿；由公式 $v=\frac{\Delta x}{\Delta t}$求速度可知，当位移的单位是米，时间的单位是秒时，速度的单位是米每秒；已知速度的变化量和发生这个变化所用的时间，利用公式 $a=\frac{\Delta v}{\Delta t}$可以求出加速度，当速度变化量的单位是米每秒，时间的单位是秒时，加速度的单位是米每二次方秒……由此可见，物理学中的关系式在确定物理量之间的数量关系的同时，也确定了物理量之间的单位的关系。

从以上几个例子可知，只要选定几个物理量的单位，就能够利用物理量之间的关系推导出其他物理量的单位，这些被选定的基本物理量叫作**基本量**，它们的单位叫作**基本单位**。在上面的例子中，长度、质量、时间是基本量，它们的单位(米、千克、秒等)是基本单位。根据物理公式中其他物理量和基本物理量的关系，推导出的物理量的单位，叫作**导出单位**，如速度、加速度、力的单位。基本单位和导出单位的总和叫作**单位制**。

从根本说，所有的物理量都是由基本物理量构成的，因此基本物理量的单位选定也就决定了其他导出物理量的单位。一般说来，物理量的单位可以任意选择，这样就会存在同一个物理量出现多个单位，与此对应存在多种单位制。为了便于交流合作，1960 年第 11 届国际计量大会制订了一种国际通用的、包括一切计量领域的单位制，叫作**国际单位制**，简称 SI。

在力学范畴内，国际单位制规定所有的力学量的单位都是由长度、质量和时间这三个基本物理量的单位组成的，它们的单位米、千克、秒是基本单位。对于热学、电磁学、光学等学科，除了上述三个基本量和相应的基本单位外，还得加上另外四个基本量和它们的基本单位，才能导出其他物理量的单位。表

4.7.1 所示是国际单位制中的基本物理量及其基本单位。

表 4.7.1　国际单位制中的基本物理量及其基本单位

物理量名称	物理量符号	单位名称	单位符号
长度	l	米	m
质量	m	千克	kg
时间	t	秒	s
电流强度	I	安[培]	A
物质的量	n，(ν)	摩[尔]	mol
热力学温度	T	开[尔文]	K
光照强度	I，(I_v)	坎[德拉]	cd

【思考】小刚老师在一本书上发现圆锥体积公式如下：$V=\frac{1}{3}\pi R^3 h$。小刚老师立即判断它是错误的。同学们，你们知道他是怎样快速判断的吗？

【例题】一个物体以 4 m/s 的初速度在水平方向上匀减速地滑行 40 m 后停止。如果该物体的质量是 100 kg，它受到的阻力是多少？

分析：这个题目是已知物体的运动情况，要求它受到的阻力。可以先通过匀变速直线运动的公式求出物体的加速度，再根据牛顿第二定律求出该物体所受的合力，从而由合力求出它受到的阻力。

解：物体的受力分析如图 4.7.1 所示，物体受到重力 G、支持力 F_N和阻力F_f，其中重力和支持力大小相等，方向相反，彼此平衡，物体所受合力 F 和阻力F_f相等。

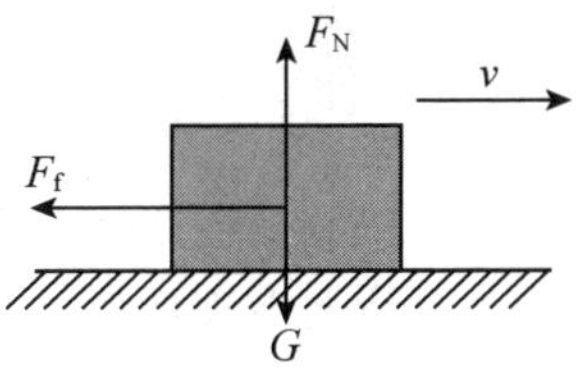

图 4.7.1

根据已知条件，$v_0=4$ m/s，$v=0$ m/s，$x=40$ m，$m=100$ kg，由$v^2-v_0^2=2ax$ 有：

$$a=\frac{v^2-v_0^2}{2x}=\frac{(0\ \text{m/s})^2-(4\ \text{m/s})^2}{2\times 40\ \text{m}}=-0.2\ \text{m/s}^2。$$

根据牛顿第二定律，有

$$F=F_f=ma=100\ \text{kg}\times(-0.2\ \text{m/s}^2)=-20\ \text{kg}\cdot\text{m/s}^2=-20\ \text{N}。$$

所以物体所受的阻力为 20 N。

我们可以看到，当题中的已知量都用国际单位制中的单位表示时，计算结果也是用国际单位制中的单位表示的，所以在统一已知量的单位后，计算时可以不用将每个已知量的单位一一写出，只需在最终的计算结果后写出正确的单位即可。上例中的计算可以这样写：

$$a=\frac{v^2-v_0^2}{2x}=\frac{0^2-4^2}{2\times40}\text{ m/s}^2=-0.2\text{ m/s}^2。$$

$$F=F_f=ma=100\times(-0.2)\text{ N}=-20\text{ N}。$$

练习

1. 36 km/h 与 12 m/s 两个速度相比较，哪个大？

2. 现有下列物理量或单位，按下面的要求选择填空。(填字母)

A. 密度　B. 米/秒　C. 牛顿　D. 加速度　E. 质量

F. 秒　G. 厘米　H. 长度　I. 时间　J. 千克

K. 厘米/秒

(1)属于物理量的是________。

(2)在国际单位制中，作为基本物理量的是________。

(3)属于基本单位的是________，属于导出单位的是________。

(4)在国际单位制中属于基本单位的是________，属于导出单位的是________。

3. 关于国际单位制，下列说法正确的是(　　)。

A. kg，m，h 都是基本单位

B. kg，m/s，N 都是导出单位

C. 质量的单位可以是 kg，也可以是 g

D. 只有在国际单位制中，牛顿第二定律的表达式才是 $F=ma$

4. 雨滴在空气中下落，当速度比较大的时候，它受到的空气阻力与其速度的二次方成正比，与其横截面积成正比，即 $F_f=ksv^2$，则比例系数 k 的单位是(　　)。

A. kg/m^4　B. kg/m^3　C. kg/m^2　D. kg/m

5. 质量 $m=200$ g 的物体，测得它的加速度 $a=20\text{ cm/s}^2$，则关于它所受的合力的大小及单位，下列运算既正确又符合一般运算要求的是(　　)。

A. $F=200\times20\text{ N}=4\ 000\text{ N}$　B. $F=0.2\times0.2=0.04\text{ N}$

C. $F=0.2\times0.2=0.04$　D. $F=0.2\text{ kg}\times0.2\text{ m/s}^2=0.04\text{ N}$

6. 光滑水平桌面上有一个静止的物体，质量为 7 kg，在 14 N 的水平恒力作用下开始运动，5 s 末的速度是多大？5 s 内通过的位移是多少？

7. 一辆质量为 4 t 的汽车，从静止开始，在水平路上行驶，已知发动机的牵引力为 1 800 N，汽车在运动时所受的阻力为汽车重力的 0.02 倍(取 $g=10\text{ m/s}^2$)，求：

(1)汽车在开出后加速度的大小。

(2)经过多长时间，汽车的速度可达 10 m/s。

本章小结

- 牛顿运动定律及其应用
  - 牛顿第一定律
    - 伽利略的理想实验。
    - 内容：一切物体总保持匀速直线运动状态或静止状态，除非作用在它上面的力迫使它改变这种状态。
    - 惯性
      - 物体的固有属性。
      - 大小：只与质量有关。
  - 牛顿第二定律
    - 控制变量法探究 a 与 F，m 的关系。
    - 内容：物体加速度的大小跟它受到的作用力成正比，跟它的质量成反比，加速度的方向跟作用力的方向相同。
    - 公式：$F=ma$。
  - 牛顿第三定律
    - 作用力与反作用力的概念。
    - 内容：两个物体之间的作用力和反作用力总是大小相等，方向相反，作用在同一直线上。
    - 公式：$F=-F'$。
  - 牛顿运动定律的应用
    - 解决两类基本问题
      - 已知受力情况分析运动情况。
      - 已知运动情况分析受力情况。
    - 超重与失重
      - a 向上，$F>G$，超重。
      - a 向下，$F<G$，失重。
      - $a=g$，$F=0$，完全失重。
  - 力学单位制
    - 单位制
      - 基本单位。
      - 导出单位。
    - 国际单位制
      - 国际单位制中的基本物理量。
      - 国际单位制中的基本单位。

习题四

1. 一颗弹珠在水平桌面上滚动，当它刚刚离开桌面时，假如所受的一切外力都消失，那么它将(　　)。

A. 立即停止运动　　B. 沿竖直方向做匀速直线运动

C. 沿水平方向做匀速直线运动　　D. 做曲线运动往下掉

2. 一个质量为 2 kg 的物体同时受到两个力的作用，这两个力的大小分别为 2 N 和 6 N，当两个力的方向发生变化时，物体的加速度大小可能为(　　)。

A. 1 m/s^2　　B. 2 m/s^2　　C. 3 m/s^2　　D. 4 m/s^2

3. 马拉车在水平路面上由静止开始前进，下面的说法中正确的是(　　)。

A. 马拉车的作用力先产生，车拉马的作用力后产生

B. 马能拉动车是因为马拉车的力大于车拉马的力

C. 只有匀速前进时，马拉车的力才等于车拉马的力

D. 马拉车的力和车拉马的力同时产生，同时消失，是一对相互作用力

4. 假设汽车紧急制动后，受到的阻力与汽车所受重力的大小差不多。当汽车以 20 m/s 的速度行驶时，突然制动，它还能继续滑行的距离约(　　)。

A. 40 m　　B. 20 m　　C. 10 m　　D. 5 m

5. 下列单位全是国际单位制中基本单位的是(　　)。

A. N，kg，m　　B. m，s，g　　C. kg，m，W　　D. kg，m，s

6. (多选)游乐园中，游客乘坐加速或减速运动的升降机，可以体会超重或失重的感觉。下列描述正确的是(　　)。

A. 当升降机加速上升时，游客处在失重状态

B. 当升降机减速下降时，游客处在超重状态

C. 当升降机减速上升时，游客处在失重状态

D. 当升降机加速下降时，游客处在超重状态

7. 一个人站在电梯中的体重计上，随电梯一起运动。下列各种情况中，体重计的示数最大的是(　　)。

A. 电梯匀减速上升，加速度的大小为 1.0 m/s^2

B. 电梯匀加速上升，加速度的大小为 1.0 m/s^2

C. 电梯匀减速下降，加速度的大小为 0.5 m/s^2

D. 电梯匀加速下降，加速度的大小为 0.5 m/s^2

8. 将质量为 2 kg 的物体放在水平地面上，用 10 N 的水平拉力使它由静止开始运动，已知第 3 s 末物体的速度为 6 m/s，则物体与地面间的动摩擦因数为多大？若这时撤去拉力，则物体继续滑行的时间和位移各为多少？($g=10\ m/s^2$)

9. 一列静止在站台里的火车，总质量为 6.0×10^5 kg。伴随着一声笛响，这列火车从站台缓缓开出，80 s 后显示其速度达到了 72 km/h。若火车做匀加速直线运动，求火车在加速过程中合力要多大才能满足加速的要求。

10. 光滑水平桌面上有一个物体，质量为 2 kg，受到互成120°角的两个水平方向的力F_1和F_2的作用，两个力的大小都是 10 N。这个物体的加速度是多大？

11. 如图所示，沿水平方向做匀变速直线运动的车厢中，悬挂小球的悬线偏离竖直方向 37°，小球和车厢相对静止，小球的质量为 1 kg。($g=10\ \text{m/s}^2$，$\sin 37°=0.6$，$\cos 37°=0.8$)

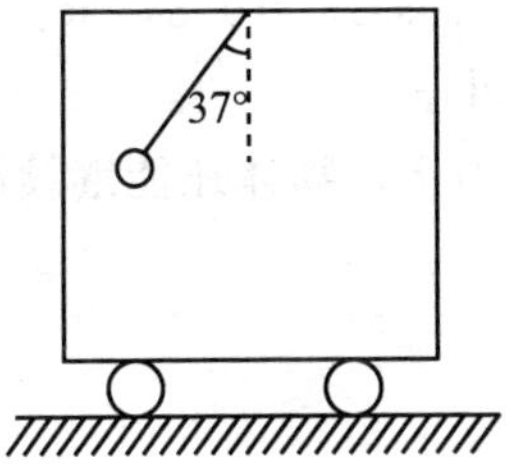

第 11 题图

(1)求车厢运动的加速度并说明车厢的运动情况。

(2)求悬线对小球的拉力。

12. 如图所示，水平力 F 把两个物体 A，B 紧压在竖直的墙壁上使两物体静止，F 的作用点处光滑，$G_A=10$ N。求 A 对 B 的摩擦力大小和方向。

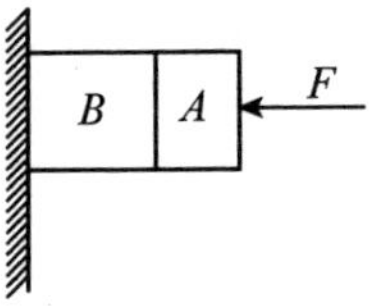

第 12 题图

13. 如图所示，一个静止在水平地面上的物体，质量是 2 kg，在 10 N 的拉力 F 作用下沿水平地面向右运动。已知 F 与水平地面的夹角为 30°，物体与地面间的动摩擦因数为 0.2，求物体在 4 s 末的速度和 4 s 内发生的位移。($g=10\ \text{m/s}^2$)

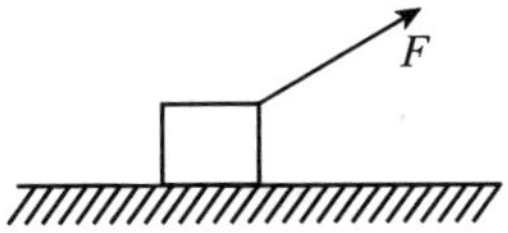

第 13 题图

14. 某人在地面上最多能举起 60 kg 的物体，而在一个加速下降的电梯里最多能举起 80 kg 的物体。求：

(1)此电梯的加速度多大?

(2)若电梯以此加速度上升，则此人在电梯里最多能举起物体的质量是多少?（$g=10\ \text{m/s}^2$）

15. 如图所示，物体的质量 $m=4$ kg，与水平地面间的动摩擦因数为 0.2，在与水平方向夹角为 37°、大小为 10 N 的恒力 F 的作用下，由静止开始加速运动，取 $g=10\ \text{m/s}^2$，已知 $\sin 37°=0.6$，$\cos 37°=0.8$，求：

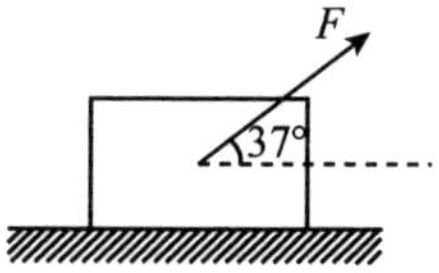

第 15 题图

(1)物体运动的加速度大小。

(2)若 $t_1=10$ s 时撤去恒力 F，物体还能继续滑行的时间 t_2 和距离 x。

第五章　曲线运动

到目前为止，我们只学习了物体在一条直线上的运动。然而，我们在实际生活中所看到的运动物体的轨迹大多数是曲线，如射出枪膛的子弹，在打中目标的过程中沿曲线运动；月球绕地球公转的轨迹是曲线……在物理学中，物体运动轨迹是曲线的运动被称为**曲线运动**。

曲线运动具有什么样的特征呢？它遵循什么样的规律？从曲线运动的轨迹可以知道，曲线运动比直线运动复杂很多，而从简单到复杂是人们解决问题的基本思路，那么能否用研究直线运动的思路去研究曲线运动呢？学完本章，你将对以上问题有清晰的认识。

在本章中，我们将通过分析生活中的实例来学习常见的曲线运动——抛体运动和圆周运动，并通过学习两种特殊的运动(平抛运动和匀速圆周运动)所遵循的运动规律来探索抛体运动和圆周运动的运动规律，从而为探究更复杂的运动奠定基础。

5.1 什么是曲线运动

前面四章，我们学习的都是物体沿一条直线的运动，从本节开始，我们将学习质点沿曲线运动时所遵循的规律。

5.1.1 随处可见的曲线运动

如图 5.1.1 所示，摩天轮的旋转运动、跳水运动员跳水前的运动、飞机的空中表演、汽车沿盘山公路做的运动……这些都是我们在生活中常见的运动，它们有一个共同的特征：运动轨迹都是曲线。这样的运动被称为**曲线运动**。

（a）旋转的摩天轮

（b）跳水运动员跳水

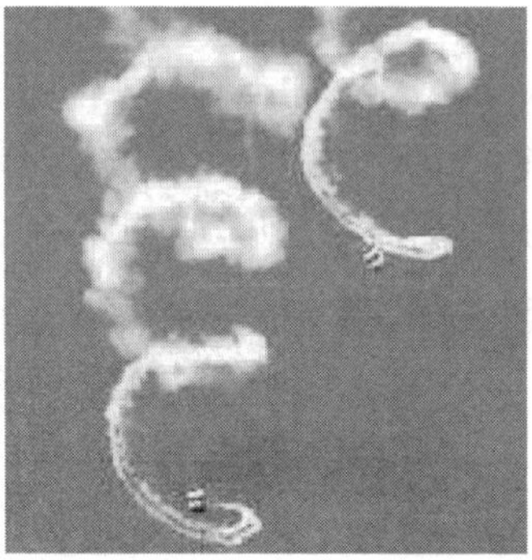

（c）飞机的空中表演

（d）盘山公路

图 5.1.1 生活中随处可见的曲线运动

5.1.2 曲线运动的速度

物体做直线运动时，它的速度方向与轨迹的方向相同。那么，做曲线运动的物体，在某一时刻的速度方向与轨迹有什么关系？

如图 5.1.2 所示，砂轮打磨下来的炽热微粒沿着砂轮边缘的切线飞出；下雨天旋转雨伞，雨滴会沿着雨伞的边缘切线飞出。

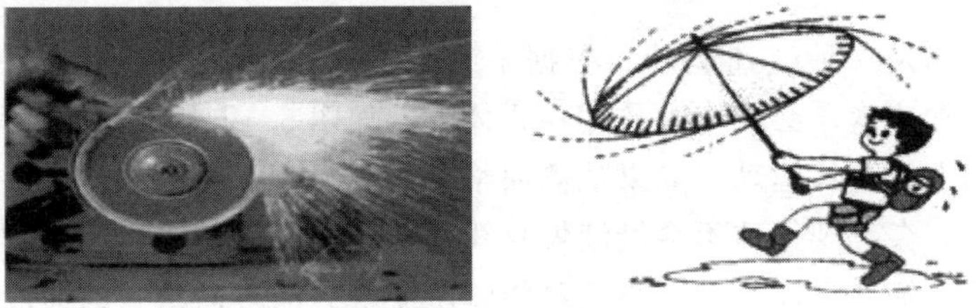

图 5.1.2　微粒和雨滴分别沿什么方向飞出

如图 5.1.3 所示，质点从 A 运动到 B，过 A，B 两点作直线，这条直线叫作曲线的割线，从 A 到 B 的方向为质点位移的方向，也是质点从 A 到 B 的平均速度方向。设想 B 点逐渐靠近 A 点，这条割线的位置和长度都会不断变化，当 B 点非常靠近 A 点时，这条割线会与过 A 点的切线重合，因此，质点在 A 点的瞬时速度的方向就是曲线在 A 点的切线方向。

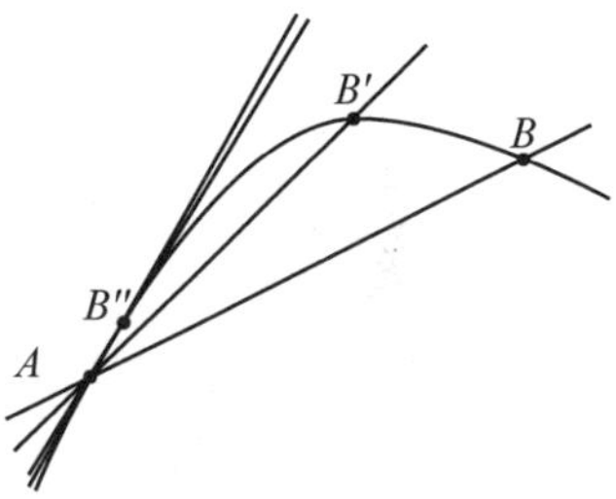

图 5.1.3　A，B 两点靠得很近很近时，直线 AB 就成了曲线的切线

大量事实和理论分析表明：**质点做曲线运动时，在某一点(或某一时刻)的速度方向沿曲线在这一点的切线方向**。如图 5.1.4(a)所示，某同学将足球踢出，足球在重新落地前的运动是曲线运动，它在每个时刻的速度方向都是沿着运动轨迹的切线方向；如图 5.1.4(b)所示，地球围绕太阳公转也是做曲线运动，在每个时刻的速度方向都是沿着运动轨迹的切线方向。

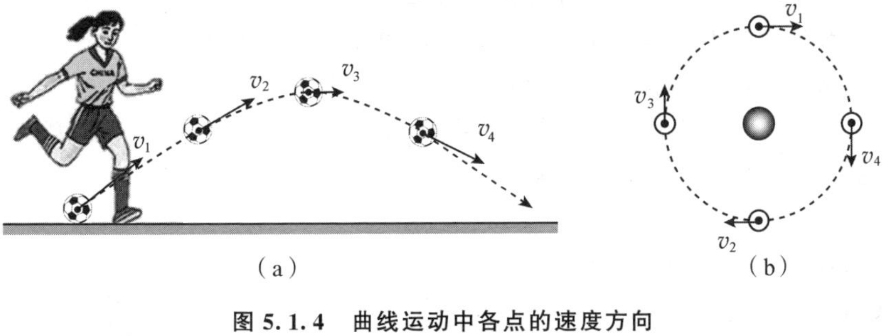

图 5.1.4　曲线运动中各点的速度方向

由于曲线上各点的切线方向不同，所以，曲线运动中每个时刻的速度方向都不同，即曲线运动的速度方向时刻改变。通过第一章的学习，我们知道速度是矢量，既有大小又有方向，不管其大小是否发生变化，只要其方向发生变化，我们就说速度发生了变化，故曲线运动是一种变速运动。

5.1.3 曲线运动的条件

曲线运动是一种变速运动。根据牛顿第二定律，要使物体的速度发生改变，即要有加速度，必须有力作用在物体上。如图 5.1.5 所示，一沾有印泥的钢珠在桌面上做直线运动，如果从侧面给它一个力，如在钢珠运动路线的旁边放一块磁铁，会发现钢珠不会继续做直线运动，而是做曲线运动，它的轨迹会偏向磁铁的一侧。由此可知，**当运动物体所受合力的方向跟它的速度方向不在同一直线上时，物体就做曲线运动**。例如，斜向上方抛出的石子，忽略空气阻力，它受到的重力方向与速度方向不在同一条直线上，它做曲线运动。

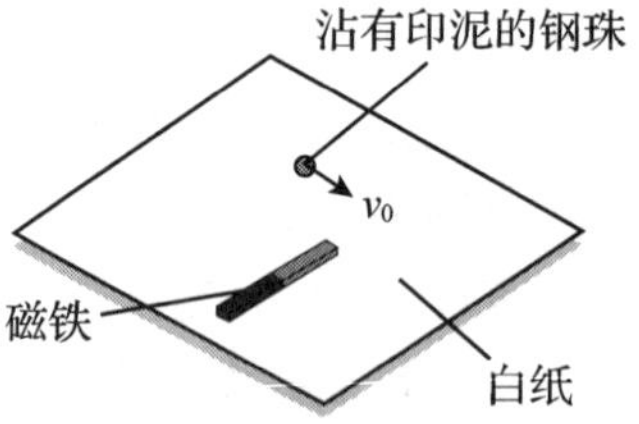

图 5.1.5 研究曲线运动的条件

根据牛顿第二定律可知，物体加速度的方向和物体所受合力的方向总是一致的。当物体受力的方向和速度方向不在同一条直线上时，加速度的方向也和速度方向不在同一条直线上，于是物体的速度方向发生变化，物体就做曲线运动。

练习

1.（多选）关于曲线运动，下列说法正确的是（　　）。

A. 曲线运动一定是变速运动

B. 物体在恒力作用下不可能做曲线运动

C. 曲线运动中的加速度一定不为零，但可以等于恒量

D. 做曲线运动的物体的加速度与合力可能不在同一条直线上

2. 小球在水平桌面上做匀速直线运动，当它受到如图 5.1.6 所示方向的力的作用时，小球可能的运动轨迹是（　　）。

A. Oa

B. Ob

C. Oc

D. Od

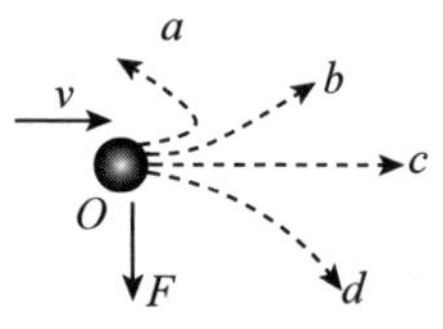

图 5.1.6

3. 如图 5.1.7 所示是某一个物体做曲线运动的轨迹，试标出该物体在 A，B，C，D 各点的速度方向。

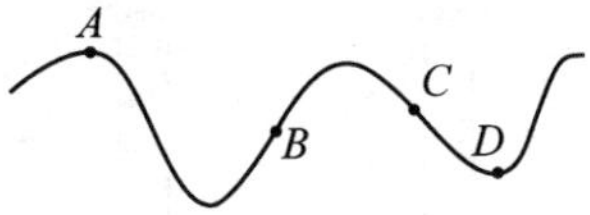

图 5.1.7

4. 如图 5.1.8 所示，质量为 m 的物体在三个共点力的作用下做匀速直线运动，速度方向与 F_1 同向，则

(1)若只撤去 F_1，它将做什么运动，加速度大小和方向是什么？

(2)若只撤去 F_2，它将做什么运动，加速度大小和方向是什么？

(3)若三个力同时撤去，它将做什么运动，加速度大小和方向是什么？

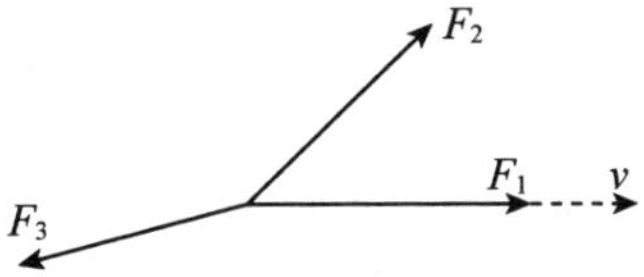

图 5.1.8

5.2 运动的合成与分解

曲线运动是比直线运动复杂很多的运动。将复杂的运动转化为简单的运动来研究，是物理学中常用的方法。如何把复杂的曲线运动转化为简单的直线运动呢？本节学习用运动的合成与分解来解决这个问题。

5.2.1 速度和位移的合成与分解

描述直线运动时我们需要用到速度和位移，描述曲线运动时也是这样。

【实验探究】

在一个封闭、长约 1 m 的玻璃管内注满清水，水中放一个红蜡做成的小圆柱体，并且玻璃管的开口端用橡胶塞塞紧[图 5.2.1(a)]。现让玻璃管紧贴墙壁沿水平方向向右匀速移动，蜡块将一直处于玻璃管顶端并随着玻璃管向右匀速运动。

如图 5.2.1(b)所示，将玻璃管倒置，蜡块 R 将沿玻璃管上升。若在玻璃管一旁放一个刻度尺，可以观察到，除了开始一段外，蜡块上升的速度基本保持一致，即蜡块上升时做匀速直线运动。

如图 5.2.1(c)所示，让玻璃管倒置，在蜡块上升的同时，将玻璃管紧贴墙壁沿水平方向向右匀速移动。以墙壁为参照物，观察以上三种情况下，蜡块做什么运动？

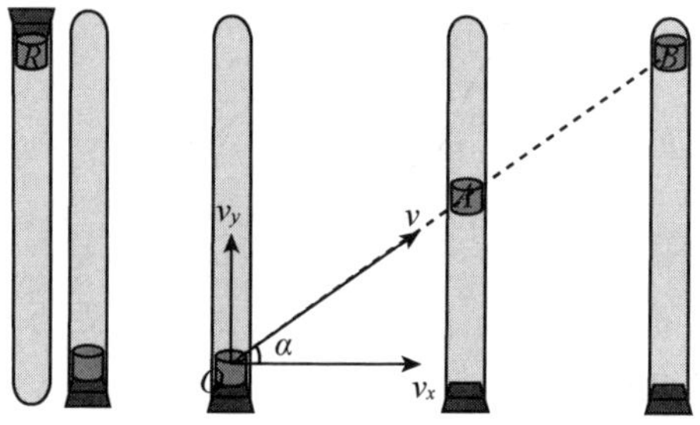

图 5.2.1 观察红蜡块的运动

观察可知，当玻璃管向右匀速运动但不倒置时，蜡块会随着玻璃管向右匀速运动；当玻璃管倒置但不向右匀速运动时，蜡块会沿玻璃管上升到玻璃管的顶端；当玻璃管既倒置又向右运动时，蜡块从 O 点运动到了 B 点，此时，蜡块既沿玻璃管上升又向右匀速运动，即蜡块参与了两个运动。

在物理学中，如果一个物体实际发生的运动产生的效果和另外两个运动产生的效果相同，我们就把这一物体实际发生的运动叫作这两个运动的合运动，这两个运动叫作这一实际运动的分运动。

如图 5.2.2 所示，以蜡块开始运动的位置为原点 O，水平向右的方向和竖直向上的方向为 x 轴和 y 轴建立平面直角坐标系。蜡块在平面坐标系中 x 坐标值等于它与 y 轴的距离，y 坐标值等于它与 x 轴的距离。若以 v_x 表示玻璃管向右匀速运动的速度，以 v_y 表示蜡块沿玻璃管上升的速度，则有：

$$x=v_xt,$$

$$y=v_yt。$$

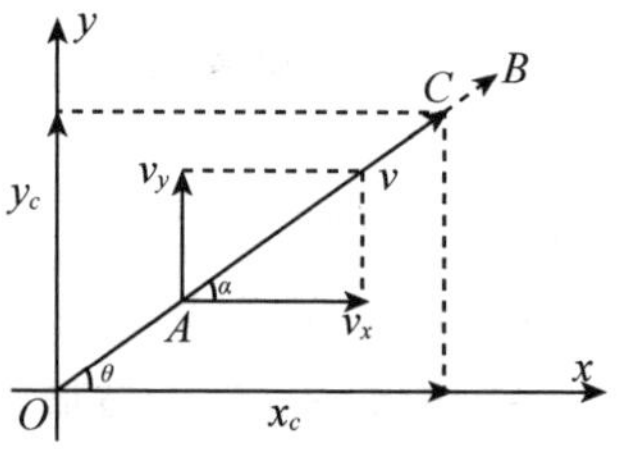

图 5.2.2 在平面直角坐标系中研究蜡块的运动

在以上两个式子中有一个共同的变量 t，将 t 消去可得：

$$y=\frac{v_y}{v_x}x。$$

由于v_x，v_y是常量，所以$\frac{v_y}{v_x}$也是常量，所以，$y=\frac{v_y}{v_x}x$ 是一条过原点的直线，也就是说，蜡块从 O 点到 B 点做直线运动。

由图 5.2.2 可知，蜡块从 O 点到 C 点发生的位移为 OC，此时，蜡块在水平方向发生的位移为x_c，竖直方向发生的位移为y_c，根据勾股定理有：

$$OC=\sqrt{x_c^{\ 2}+y_c^{\ 2}}。$$

根据三角函数的关系可以得出蜡块在 C 点处位移的方向：

$$\tan\theta=\frac{y_c}{x_c}。$$

从图 5.2.2 我们还可以知道v_x，v_y，v 之间的关系，根据勾股定理有：

$$v=\sqrt{v_x^2+v_y^2}。$$

根据三角函数的关系可以得出蜡块在 A 点处速度的方向：

$$\tan\alpha=\frac{v_y}{v_x}。$$

5.2.2 运动的合成与分解及其应用

已知分运动求合运动，叫作**运动的合成**；已知合运动求分运动，叫作**运动的分解**。运动的合成与分解都遵循平行四边形定则。

【例题】小船在静水中航行的速度是 8 km/h，当它在流速是 6 km/h 的河水中向着垂直于河岸的方向航行时，合速度的大小和方向怎样?

分析：船在流水中的运动既与本身的速度有关，又与水流速度有关，它的实际运动可以看作小船垂直于河岸的方向与沿流水方向两个分运动的合运动。

解：如图 5.2.3 所示，用v_y表示小船的速度，方向垂直于河岸，用v_x表示水流的速度，沿河岸方向，则根据直角三角形的三角函数关系可得小船的实际运动为

$$v=\sqrt{v_x^2+v_y^2}=\sqrt{6^2+8^2}\ \text{km/h}=10\ \text{km/h}。$$

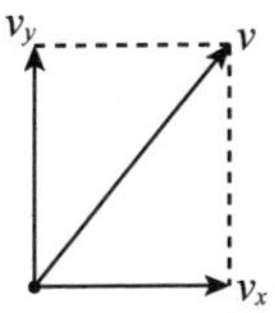

图 5.2.3 小船的运动

设 v 与v_x的夹角为 θ，根据直角三角形的三角函数关系可得小船的实际运动方向为：

$$\tan\theta=\frac{v_y}{v_x}=\frac{8}{6}=\frac{4}{3}。$$

故小船实际运动方向与河岸的夹角为 53°。

练习

1. 关于运动的合成与分解，下列说法正确的是(　　)。

A. 合运动的速度一定大于两个分运动的速度

B. 合运动的时间一定大于分运动的时间

C. 两个直线运动的合运动一定是直线运动

D. 合运动的速度方向就是物体实际运动的方向

2. 下列说法是否正确？为什么？

(1)两个不在同一直线上的匀速直线运动的合运动一定是直线运动。

(2)两个直线运动的合运动一定是直线运动。

(3)两个直线运动的合运动可能是曲线运动。

(4)两个直线运动的合运动可能是直线运动。

3. 飞机以 300 km/h 的速度斜向上飞行，方向与水平成 30°角，求水平方向的分速度与竖直方向的分速度。

4. 雨滴在下落一定时间后的运动是匀速的。设没有风时，雨滴着地的速度是 6 m/s。现在有风，风可给雨滴 3 m/s 水平向西的速度。试求此时雨滴着地的速度。

5. 铅球运动员以 20 m/s 的速度、53°的倾角，将铅球斜向上掷出，请作出速度沿水平方向和竖直方向分解的图示，并求出这两个分速度的大小。(sin 53°＝0.8，cos 53°＝0.6)

6. 一个质点从平面直角坐标系的原点开始运动并开始计时。它在t_1时刻到达$x_1=2.0$ m、$y_1=1.5$ m 的位置；在t_2时刻到达$x_2=3.6$ m、$y_2=4.8$ m 的位置。作草图表示质点在$0\sim t_1$和$0\sim t_2$时间内发生的位移l_1和l_2，然后计算它们的大小及它们与 x 轴的夹角θ_1和θ_2。

5.3 平抛运动

5.3.1 抛体运动

物体以一定的初速度被抛向空中，仅在重力作用下物体所做的运动叫作**抛体运动**，它的初速度v_0不为 0。图 5.3.1 所示是我们在日常生活中常见的抛体运动。

(a) 运动员扔出的铅球　　(b) 飞流直下的瀑布

图 5.3.1

5.3.2　什么叫平抛运动

如果抛体运动开始时的速度(即**初速度**)是沿水平方向的，这样的运动叫作**平抛运动**。以一定速度从水平桌面上飞出的物体、水平管中喷出的水流……在空气阻力忽略的情况下，这些运动都可以视为平抛运动。

平抛运动是一种特殊的抛体运动，也是曲线运动，那么平抛运动有哪些特点呢？我们可以通过实验来进行了解。

【实验探究】

如图 5.3.2 所示，用小锤轻击弹性金属片，*A* 球向水平方向飞出做平抛运动，同时 *B* 球被松开做自由落体运动。观察两球运动的路径，比较它们的落地时间。

我们还可以用频闪照相的方法更精确地研究 *A*，*B* 两球的运动。如图 5.3.3 所示，是它们运动过程的频闪照片。根据照片提供的信息，我们可以判断 *A* 球在水平方向做什么运动，在竖直方向做什么运动。

由以上两个实验可知，平抛运动可以分解为水平方向上的匀速直线运动和竖直方向上的自由落体运动。对于这个结论，我们也可以运用牛顿运动定律做出分析和解释。做平抛运动的物体，在水平方向上不受力，即加速度为零，所以速度保持不变，物体在水平方向上做匀速直线运动；在竖直方向上，物体只受重力，并且初速度为零，所以物体做自由落体运动。

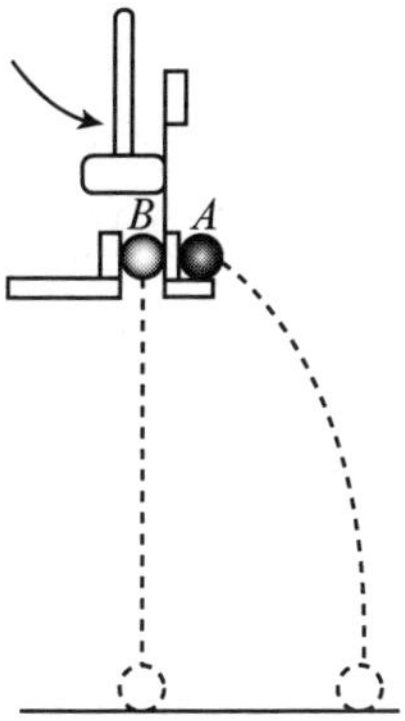

图 5.3.2　比较平抛运动与自由落体运动

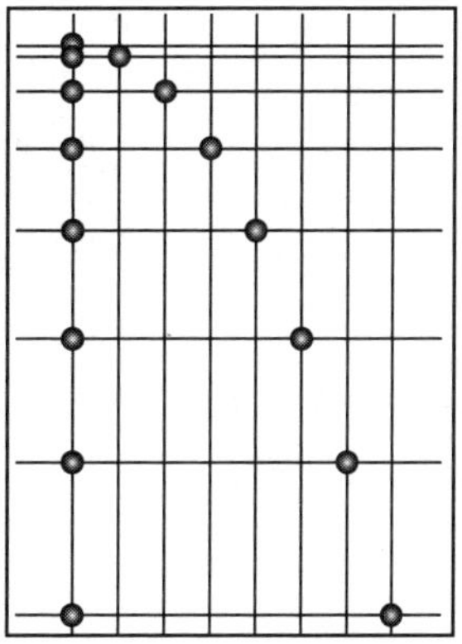

图 5.3.3　平抛运动与自由落体运动的频闪照片

根据实验和理论分析的结果可知：**平抛运动可以分解为水平方向的匀速直线运动和竖直方向的自由落体运动**。这样，我们将复杂的平抛运动转化为两个简单的直线运动，大大简化了问题。

【**例题 1**】如图 5.3.4 所示，某物体以初速度v_0做平抛运动，t 时刻经过 P 点，求：

(1)该物体在 P 点的速度。

(2)物体的运动轨迹。

解：以平抛运动的抛出点为原点 O，以初速度的方向为 x 轴正方向，竖直向下为 y 轴正方向，建立平面直角坐标系(图 5.3.5)，根据平抛运动的分解可知：

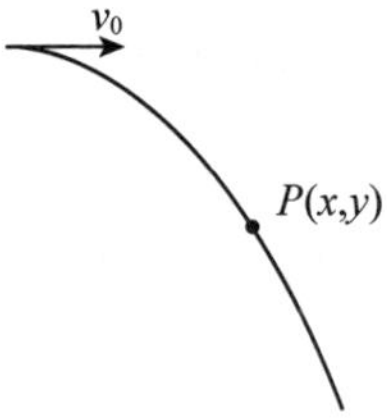

图 5.3.4

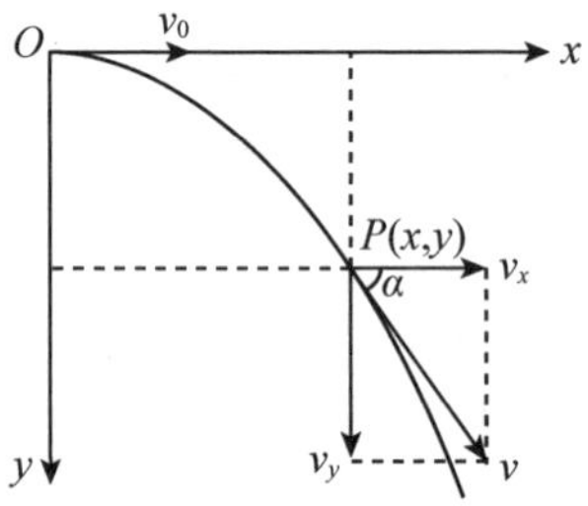

图 5.3.5

在水平方向上，物体在 P 点的速度和位移可表示为：

$$v_x = v_0,$$

$$x = v_x t。$$

在竖直方向上，物体在 P 点的速度和位移可表示为：

$$v_y = gt,$$

$$y = \frac{1}{2}gt^2。$$

根据水平方向和竖直方向的速度公式可以求出物体在 P 点的实际速度v_t为：

$$v_t = \sqrt{v_x^2 + v_y^2}。$$

v_t 的方向为平抛运动轨迹的切线方向，可以用 v_t 与 x 轴的夹角 α 表示，根据三角函数关系可知：

$$\tan\alpha = \frac{v_y}{v_x}。$$

由水平方向和竖直方向的位移公式可以求出物体所在位置(P 点)的坐标(x，y)，由于 x，y 中有一个共同的变量 t，将 t 消去可得：

$$y = \frac{g}{2v_0^2}x^2。$$

式中，g，v_0都是常量，所以 $y=\frac{g}{2v_0^2}x^2$ 表示的是一条过原点的抛物线，即平抛运动的轨迹是一条过原点的抛物线。

【例题 2】将一个物体以 12 m/s 的初速度从 12.8 m 的高度水平抛出，落地时它的速度方向与地面的夹角 θ 是多少？(不计空气阻力，$g=10\ \text{m/s}^2$)

分析：物体在水平方向不受力，所以加速度在水平方向的分量为 0，物体在水平方向上做匀速直线运动，分速度保持初速度 $v_0=12\ \text{m/s}$ 不变；在竖直方向上，物体受到重力的作用，加速度在竖直方向的分量为 g，初速度在竖直方向的分量为 0，可以应用匀变速直线运动的规律求出竖直方向的分速度。

解：如图 5.3.6 所示，以抛出物体的位置为原点建立直角坐标系，以初速度方向为 x 轴正方向，竖直向下为 y 轴正方向。

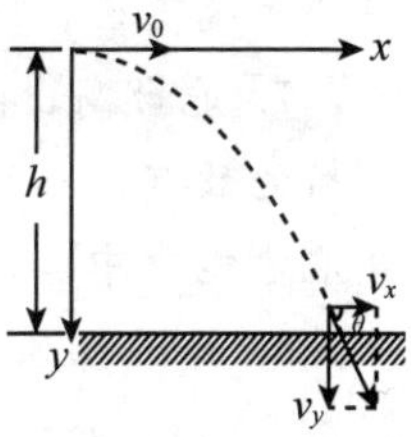

图 5.3.6

落地时，物体在水平方向上的分速度为

$$v_x=v_0=12\ \text{m/s}。$$

在竖直方向上，根据匀变速直线运动的规律，落地时物体在竖直方向上的分速度满足如下关系

$$v_y^2-0=2gh。$$

代入数据得

$$v_y=\sqrt{2gh}=\sqrt{2\times10\times12.8}\ \text{m/s}=16\ \text{m/s}。$$

又落地时物体的速度方向与地面的夹角 θ 满足如下关系：

$$\tan\theta=\frac{v_y}{v_x}=\frac{16}{12}=\frac{4}{3}。$$

所以物体的速度方向与地面的夹角 $\theta=53°$

练习

1. 关于平抛运动，下列说法中正确的是(　　)。

A. 平抛运动是匀速运动

B. 平抛运动是匀变速曲线运动

C. 平抛运动不是匀变速运动

D. 做平抛运动的物体落地时速度方向一定是竖直向下的

2. 关于从同一高度以不同初速度水平抛出的物体，比较它们落到水平地面上的时间(不计空气阻力)，以下说法正确的是(　　)。

A. 速度大的时间长　　B. 速度小的时间长

C. 一样长　　D. 质量大的时间长

3. 质点从同一高度水平抛出，不计空气阻力，下列说法正确的是(　　)。

A. 质量越大，水平位移越大

B. 初速度越大，落地时竖直方向的速度越大

C. 初速度越大，空中运动时间越长

D. 初速度越大，落地速度越大

4. 一架飞机水平匀速飞行，从飞机上每隔 1 s 释放一个小球(不考虑空气阻力)，则这些小球落地前在空中组成的图线是(　　)。

A. 抛物线　　B. 水平直线　　C. 竖直直线　　D. 倾斜直线

5. 将一个小球以 10 m/s 的速度水平抛出，经过 1 s 落地，不计空气阻力的情况下，求小球下落的高度。($g=10\ m/s^2$)

6. 已知一斜坡与水平面成 45°角，滑雪运动员以 20 m/s 的水平速度从该斜坡顶端飞出，问经过多长时间又落回斜坡上？($g=10\ m/s^2$)

7. 炮台高出海面 45 m，水平射击一艘以 36 km/h 的速度沿射击方向直线逃离的敌舰，如果炮弹的出口速度为 610 m/s，问敌舰距炮台水平距离多大时开炮才能命中。($g=10\ m/s^2$)

8. 如图 5.3.7 所示，玩具枪的枪管 AB 对准竖直墙面上的 C 点，BC 之间距离 20 m，处于同一水平线上。弹丸以 40 m/s 的速度从枪管射出，达到墙面时打在 D 点。求：

(1)CD 之间的距离。

(2)弹丸打到 D 点时的速度。

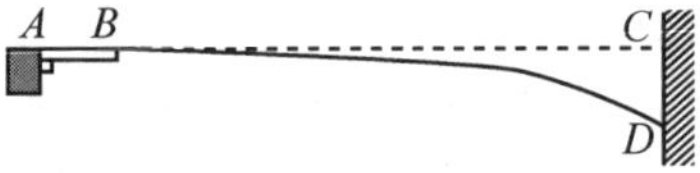

图 5.3.7

9. 水平抛出的一颗石子，经过 0.4 s 落到地面，落地时的速度方向跟水平方向的夹角是 53°，g 取 $10\ m/s^2$，$\sin 53°=0.8$，$\cos 53°=0.6$，求：

(1)石子抛出点距地面的高度。

(2)石子抛出的水平初速度。

(3)石子落地点距抛出点的水平距离。

5.4　实验：研究平抛运动

在这个实验中，我们首先设法描绘某物体做平抛运动的轨迹，然后通过这个轨迹研究平抛运动的特点。

【实验器材】

平抛运动实验器(图 5.4.1)、钢球、铅垂线、白纸、复写纸、塑料磁条、铅笔、刻度尺。

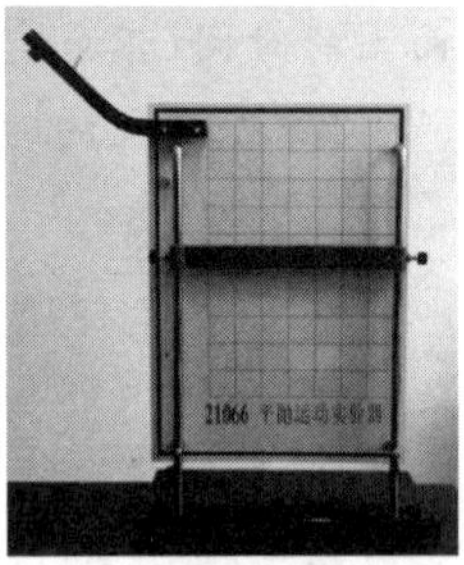

图 5.4.1　平抛运动实验器

【实验步骤】

(1)调整面板：用悬挂在槽口的铅垂线把面板调整到竖直方向，并使面板与钢球下落的竖直面平行且靠近，调整支脚螺丝固定面板。

(2)调节铝制斜槽，使斜槽末端水平：在斜槽末端放上钢球，若钢球静止，说明斜槽末端切线水平。

(3)压纸：将白纸边缘紧贴面板刻度线，上面叠放复写纸，再用塑料磁条压在复写纸的两侧。

(4)确定坐标轴原点：把钢球放在槽口处，用铅笔记下钢球在槽口时球心在面板上的水平投影点 O，O 即为坐标轴原点(不是槽口端点)。

(5)放球：将钢球在斜槽上合适的位置由静止释放，使钢球落在接球槽内。

(6)印点：钢球落点通过复写纸印在白纸上，注意区分落点与滚动印迹点。

(7)移槽：将接球槽逐次下移，再从同一位置释放钢球，便在白纸上打出一系列点。

(8)描绘运动轨迹：将钢球通过复写纸印在白纸上的印点用光滑曲线描绘出来。

【实验数据处理与分析】

(1)钢球运动的轨迹：利用描迹法描出钢球的运动轨迹。

(2)求钢球的初速度：如图 5.4.2 所示，以钢球水平抛出点为原点，水平抛出方向为 x 轴正方向，竖直向下为 y 轴正方向建立直角坐标系，在运动轨迹上选择几个点 A，B，C，D，E，F，测出这几个点的坐标，并填写在表 5.4.1 中。

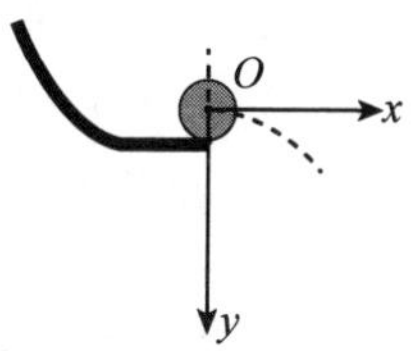

图 5.4.2

对 A，B，C，D，E，F 中的每一点，根据所测出的坐标 x 和 y，根据重力加速度 g 的数值，利用公式 $y=\frac{1}{2}gt^2$ 求出钢球运动时间 t，再利用公式 $x=v_xt$ 求出钢球的水平分速度 v_x，即为钢球做平抛运动的初速度 v_0。

表 5.4.1　实验数据记录表

	A	B	C	D	E	F
x/mm						
y/mm						
$v_0=x\sqrt{g/2y}$/($\mathrm{m\cdot s^{-1}}$)						
v_0 的平均值						

练习

1. 在平抛运动的实验中，为减小空气阻力对小球运动的影响，应采用(　　)。

A. 实心小铁球　　B. 空心小铁球

C. 实心小木球　　D. 以上三种小球都可以

2. 在做“研究平抛物体运动”实验中，应采取下列哪些措施减小实验误差？(　　)

①斜槽轨道末端切线必须水平　②斜槽轨道必须光滑　③每次要平衡摩擦力　④小球每次应从斜槽同一高度释放

A. ①②　　B. ②③　　C. ③④　　D. ①④

3. (多选)一个学生在“研究平抛物体的运动”实验中描出了如图 5.4.3 所示的几个实验点，其中偏差较大的实验点产生的原因可能是(　　)。

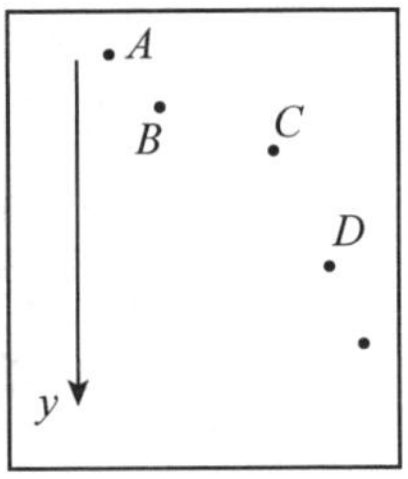

图 5.4.3

A. 小球滚下的高度较其他各次高

B. 小球滚下的高度较其他各次低

C. 小球在运动中遇到其他各次没有遇到的阻碍

D. 小球开始滚下时，实验者已给它一个初速度

4. (多选)在距水平地面高度 h 处，将铅球以初速度 v_0 水平推出，使铅球做平抛运动，将该运动沿水平方向和竖直方向分解。下列对铅球做平抛运动的描述，正确的是(　　)。

A. 水平方向的分运动是匀速直线运动

B. 运动时间与 h 无关

C. 竖直方向的分运动是匀速直线运动

D. 运动时间与 v_0 无关

5. 在“研究平抛物体的运动”的实验中：

(1)将固定有斜槽的木板放在实验桌上，实验前要检查木板是否水平，这是为了____________。

(2)在记录小球轨迹的白纸上，记录了竖直向下的 y 轴方向和水平 x 轴方向以及轨迹上三个点 A，B，C 的位置，如图 5.4.4 所示。测量 A，B 和 B，C 间水平距离 $x_{AB}=x_{BC}=15\ \text{cm}$，竖直方向的距离 $y_{AB}=15\ \text{cm}$，$y_{BC}=25\ \text{cm}$。由此可以计算出小球做平抛运动的初速度大小 $v_0=$____________。小球通过 B 点的瞬时速度的大小 $v_B=$__________。($g=10\ \text{m/s}^2$)

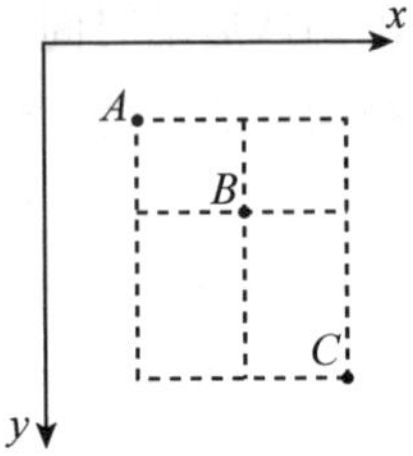

图 5.4.4

5.5　圆周运动

5.5.1　认识圆周运动

在物理学中，把质点的运动轨迹是圆或圆弧的一部分的运动叫作**圆周运

动。这是一种常见的运动，例如，时钟指针工作时的尖端的运动、电风扇工作时叶片上某点的运动、摩天轮的运动、马路上行驶汽车的车轮的运动等都是圆周运动(图 5.5.1)。在科学研究中，地球绕太阳的运动、电子围绕原子核的运动等也是用圆周运动的规律来讨论。

(a)　(b)　(c)　(d)

图 5.5.1　生活中的圆周运动

质点沿圆周运动，如果在相等的时间内通过的圆弧长度相等，这样的运动叫作**匀速圆周运动**。匀速圆周运动是圆周运动中最简单的运动。

5.5.2　线速度、角速度和周期

【思考】如图 5.5.2 所示，自行车的大齿轮(A)、小齿轮(B)、后轮(C)是相互关联的三个转动部分。如果以自行车架为参考系，行驶时，这三个轮子上各点在做圆周运动。那么，哪些点运动得更快些？还是它们运动得一样快？

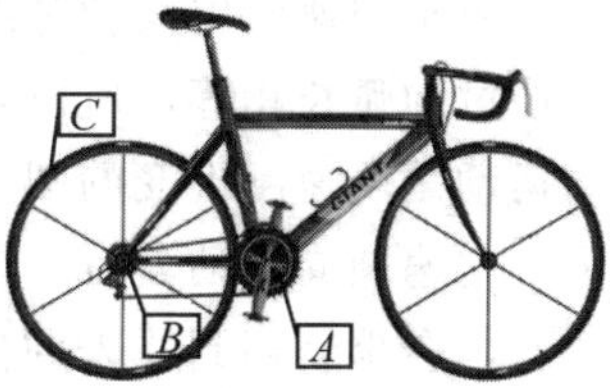

图 5.5.2

在质点做直线运动时，我们引入速度这一物理量来表示物体运动的快慢。同样，为了描述圆周运动的快慢，我们需要引入一些新的物理量。

首先，我们仍然可以用速度来描述物体做圆周运动的快慢，这个速度叫作**线速度**，用 v 表示。如图 5.5.3 所示，线速度的大小可用质点做圆周运动通过的弧长 Δs 和所用时间 Δt 的比值来表示，即

$$v=\frac{\Delta s}{\Delta t}。$$

线速度也有平均值和瞬时值之分。当时间间隔 Δt 很小时得到的就是瞬时线速度，此时线速度的方向是该点的切线方向(图 5.5.4)。

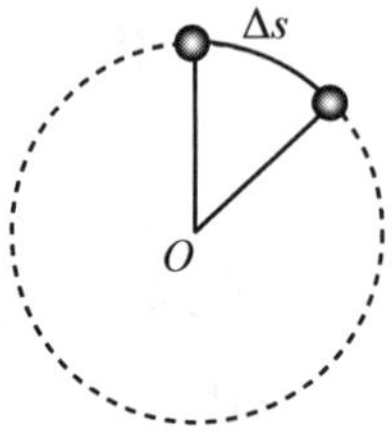

图 5.5.3

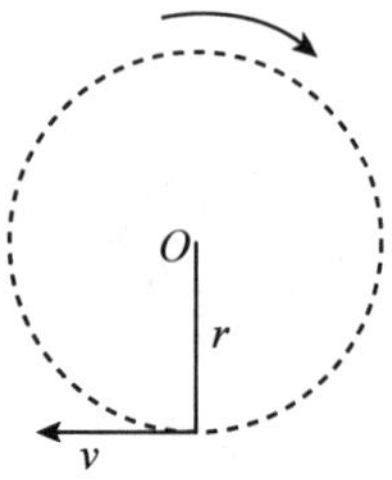

图 5.5.4

由线速度的定义可知，匀速圆周运动是线速度大小处处相等的圆周运动，但由于线速度是矢量，其方向时刻发生变化，故匀速圆周运动仍是一种变速运动，这里的“匀速”指速率不变。物体做圆周运动的快慢还可以用**角速度**来描述。如图 5.5.5 所示，物体在 Δt 时间内从 A 点运动到 B 点，半径 OA 在这段时间内转过的角度为 $\Delta\theta$，它与所用时间的比值描述了物体绕圆心转动的快慢，这个比值就是角速度，用 ω 表示，即

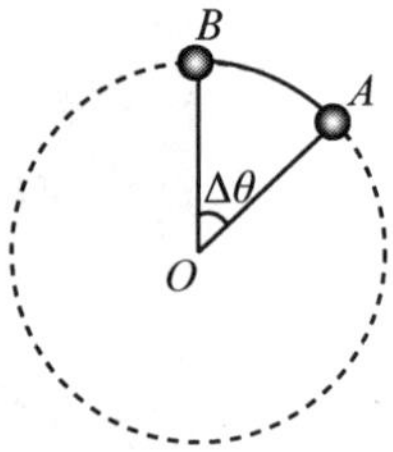

图 5.5.5

$$\omega=\frac{\Delta\theta}{\Delta t}。$$

角速度的单位由角度的单位和时间的单位共同决定。在国际单位制中，角度的单位为弧度，用 rad 表示，时间的单位是秒，用 s 表示，所以角速度的单位为 rad/s。

由于匀速圆周运动是线速度大小处处相等的圆周运动，即物体在相同时间内通过的弧长相等，所以物体在相等时间内转过的角度也相等，因此，匀速圆周运动是角速度不变的圆周运动。

匀速圆周运动具有“周期性”，它指的是做匀速圆周运动的物体经过一段时间后，会重新回到原来的位置，并具有与原来相同的速度。这里的“一段时间”表示做匀速圆周运动的物体运动一周所用的时间，叫作**周期**，用 T 表示，它也是表示物体做匀速圆周运动的快慢的一个物理量。在同一圆周上运动时，周期长，说明物体运动得慢；周期短，说明物体运动得快。

设某物体做半径为 r 的匀速圆周运动，在一个周期 T 内通过的弧长为 $2\pi r$，半径转过的角度为 2π，所以线速度和角速度分别为：

$$v=\frac{2\pi r}{T},$$

$$\omega=\frac{2\pi}{T}。$$

由以上两式可得：

$$v=\omega r。$$

这表明在匀速圆周运动中，物体线速度的大小等于角速度的大小和半径的乘积。经过分析，我们知道，这个关系在所有圆周运动中都成立，即**在圆周运动中，物体线速度的大小等于角速度的大小和半径的乘积**。

练习

1. 如图 5.5.6 所示是一个玩具陀螺，a，b，c 是陀螺上的三个点。当陀螺绕垂直于地面的轴线以角速度 ω 稳定旋转时，下列表述正确的是(　　)。

A. a，b，c 三点的线速度大小相等

B. a，b，c 三点的角速度相等

C. a，b 的角速度比 c 的大

D. c 的线速度比 a，b 的大

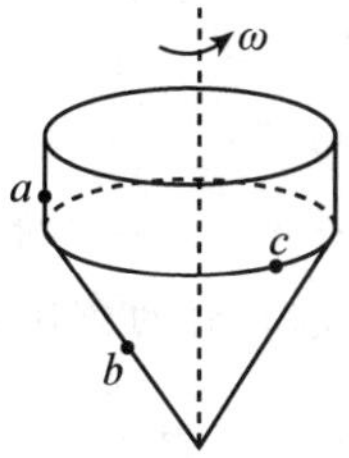

图 5.5.6

2. 下列说法哪些是正确的？

(1)圆周运动是一种变速运动。

(2)一个物体做匀速圆周运动，线速度不变。

(3)一个物体做匀速圆周运动，角速度大小不变。

(4)一个物体做匀速圆周运动，线速度大小不变。

(5)一个物体做匀速圆周运动，其上的不同点同一时刻距圆心远的线速度数值大。

3. 如图 5.5.7 所示，钟表里的时针、分针、秒针的角速度之比为________，若秒针长 0.2 m，则它的针尖的线速度是________。

图 5.5.7

4. 如图 5.5.8 所示，有一皮带传动装置，两轮半径分别为 R 和 r，$R=2r$，M 为大轮边缘上的一点，N 为小轮边缘上的一点，若皮带不打滑，则 M，N 两点的角速度之比和线速度之比分别是多少？

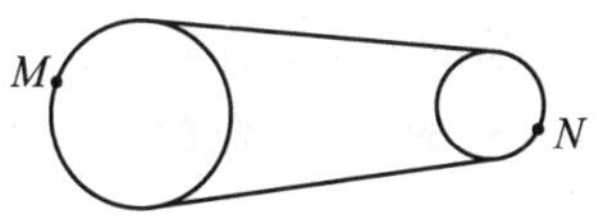

图 5.5.8

5. 如图 5.5.9 所示，地球可以看作一个半径为 6.4×10^3 km 的球体，a 是位于赤道上的一点，b 是位于北纬 30°上的一点，那么它们随地球一起转动做匀速圆周运动的角速度各是多大？线速度各是多大？

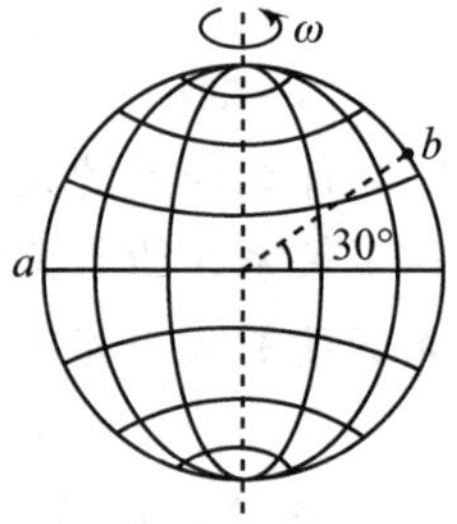

图 5.5.9

6. 一只准确走动的钟表上的时针、分针、秒针的长度之比为 2∶3∶3，试求三针的角速度之比和三针尖端的线速度之比。

5.6 向心力和向心加速度

5.6.1 向心力

【演示实验】

在绳子的一端绑一个小球，另一端用手拉住，使小球在光滑的桌面上做匀速圆周运动，如图 5.6.1 所示。在下列几种情况下体验手对做匀速圆周运动的小球的拉力：①减小旋转速度；②减小旋转半径；③将小球换为更大质量的铁球。思考以下问题。

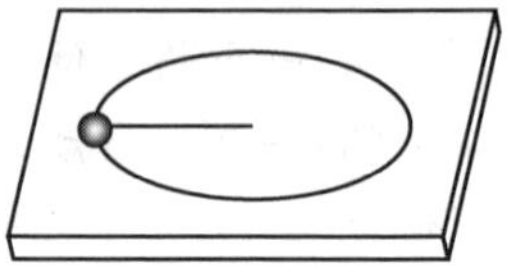

图 5.6.1

(1)小球运动过程中受到哪些力的作用？这些力的合力的方向有什么特点？

(2)一旦线断或松手，结果如何？

如图 5.6.2 所示，对上述实验中的小球进行受力分析，小球受重力 G、桌面对它的支持力 F_N 和绳子对它的拉力 F，其中 F_N 与 G 相抵消，所以小球受到的合力为 F，方向为沿绳收缩的方向(指向圆心)。那么，是否其他做匀速圆周运动的物体都受到指向圆心的力的作用呢？

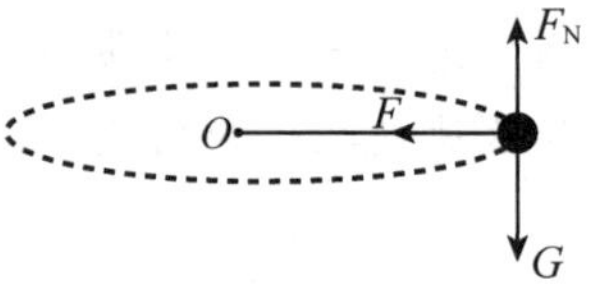

图 5.6.2

月球围绕地球做匀速圆周运动时，受到地球对它的引力，这个力指向地球，如图 5.6.3(a)所示；花样滑冰中的女运动员所受合力指向圆心，如图 5.6.3(b)所示……大量实例说明，物体做匀速圆周运动时所受合力方向始终指向圆心，这个指向圆心的合力就是**向心力**，用 F_n 表示。向心力是按照作用效果命名的，它可以由弹力提供，也可以由其他性质的力提供；可以由某一个力提供，也可以由几个力的合力提供。

（a）月球围绕地球做匀速圆周运动

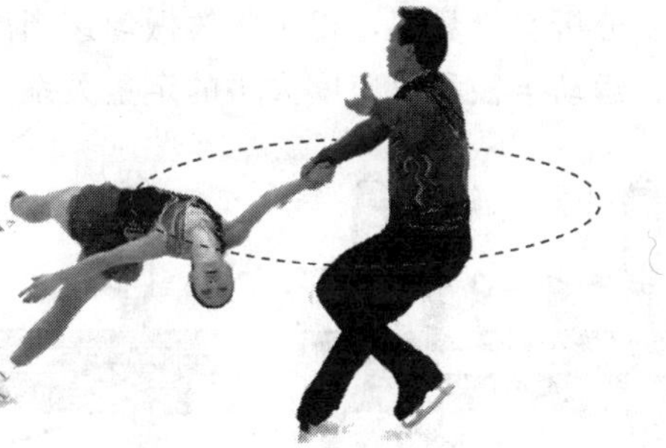

（b）运动员进行花样滑冰

图 5.6.3

从上述实验中，我们还可以知道：物体做匀速圆周运动时所受向心力的大小与物体的质量、角速度大小和运动半径有关。那么，它们之间有什么定量关系呢？我们可以通过实验来确定。

【实验探究】

如图 5.6.4 所示，我们可以利用向心力演示仪来进行实验。在向心力演示仪中，转动手柄使长槽分别随变速轮塔匀速旋转，槽内的小球就做匀速圆周运动。横臂的挡板对球的压力提供了向心力，球对挡板的反作用力通过横臂的杠杆作用使弹簧测力筒下降，从而露出标尺，标尺上的红白相间的等分格显示出两个球所受向心力的比值。

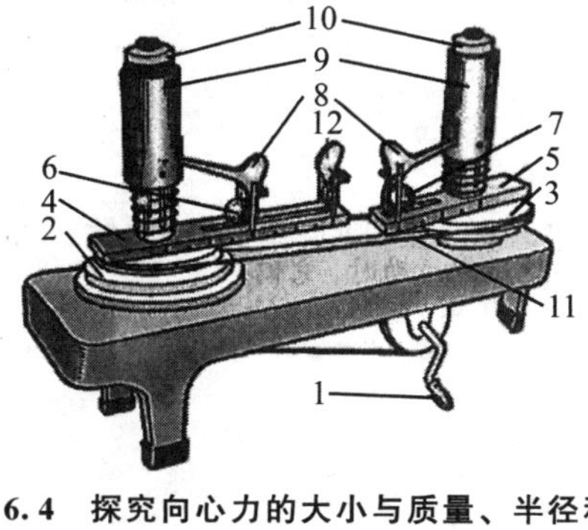

1.手柄　2.变速轮塔
3.变速轮塔　4.长槽
5.短槽　6.小球
7.小球　8.横臂
9.弹簧测力筒　10.标尺
11.传动皮带　12.挡板

图 5.6.4　探究向心力的大小与质量、半径和角速度之间关系的实验装置

进行如下实验步骤：

(1)保持 ω 和 r 相同，研究小球做匀速圆周运动所需向心力 F_n 与质量 m

之间的关系，如图 5.6.5(a)所示，记录实验数据。

(2)保持 ω 和 m 相同，研究小球做匀速圆周运动所需向心力 F_n 与半径 r 之间的关系，如图 5.6.5(b)所示，记录实验数据。

(3)保持 m 和 r 相同，研究小球做匀速圆周运动所需向心力 F_n 与角速度 ω 之间的关系，如图 5.6.5(c)所示，记录实验数据。

分析实验数据，得出物体做匀速圆周运动时所受向心力的大小与物体的质量、运动半径和角速度大小的定量关系。

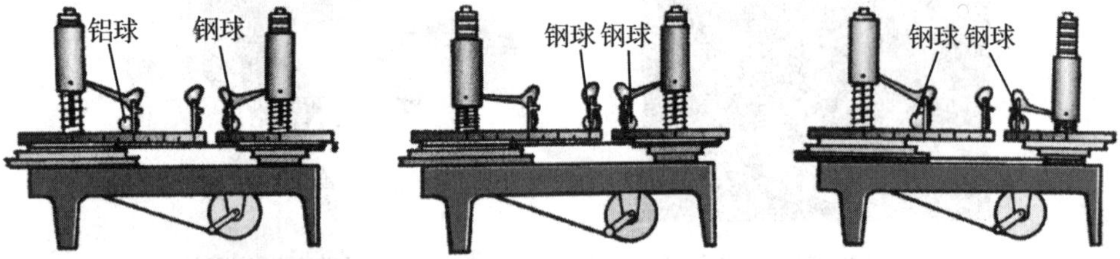

(a)研究向心力与质量之间的关系　(b)研究向心力与半径之间的关系　(c)研究向心力与角速度之间的关系

图 5.6.5

实验表明物体做匀速圆周运动所需向心力的大小与物体的质量(m)、运动半径(r)和角速度大小(ω)的关系为：

$$F_n=m\omega^2 r。$$

将 $\omega=\dfrac{v}{r}$ 代入上式可得：

$$F_n=m\frac{v^2}{r}。$$

向心力的方向始终沿半径方向指向圆心，与速度方向垂直，所以它只改变速度的方向，不改变速度的大小。

5.6.2　向心加速度

根据牛顿第二定律 $F=ma$ 可知，做匀速圆周运动的物体，在向心力的作用下，必然会产生一个加速度，这个加速度叫作**向心加速度**，用 a_n 表示。它的大小为 $a_n=\dfrac{F_n}{m}$，即

$$a_n=\frac{v^2}{r},$$

或

$$a_n=\omega^2 r。$$

在国际单位制中，向心加速度的单位为米每二次方秒(m/s^2)。

向心加速度的方向和向心力的方向一致，始终指向圆心并与速度的方向垂直。对某一做匀速圆周运动的物体来说，线速度(v)和运动半径(r)是确定不变的，所以加速度的大小保持不变，但是其方向时刻改变，所以匀速圆周运动不是匀变速运动，是变加速运动。

向心力和向心加速度的公式虽然是从匀速圆周运动得出的，但是也适用于一般圆周运动。

【例题】一质量为 4 kg 的物体在水平面内沿半径 $r=0.5$ m 的圆形轨道做匀速圆周运动，线速度为 $v=2$ m/s，求它的向心加速度和受到的向心力。

解：物体做匀速圆周运动的轨道半径为 $r=0.5$ m，线速度为 $v=2$ m/s，所以物体的向心加速度为

$$a_n=\frac{v^2}{r}=\frac{2^2}{0.5}\ \mathrm{m/s^2}=8\ \mathrm{m/s^2}。$$

物体受到的向心力为

$$F_n=ma_n=4\times8\ \mathrm{N}=32\ \mathrm{N}。$$

【思考】从公式 $a_n=\frac{v^2}{r}$ 来看，a_n 与 r 成反比，但是从 $a_n=\omega^2 r$ 来看，a_n 与 r 成正比。a_n 与 r 到底是成反比还是成正比呢？

练习

1. 下列说法中，哪些是正确？

(1)向心加速度的方向始终与速度的方向垂直

(2)在匀速圆周运动中，向心加速度的大小不断变化

(3)因为物体做圆周运动，所以才可能受到向心力的作用

(4)做圆周运动的物体所受各力的合力一定是向心力

(5)在匀速圆周运动中，向心加速度是恒定的

2.(多选)关于北京和广州随地球自转的向心加速度，下列说法中正确的是(　　)。

A. 它们的方向都沿半径指向地心

B. 它们的方向都平行于赤道平面指向地轴

C. 北京的向心加速度比广州的向心加速度大

D. 北京的向心加速度比广州的向心加速度小

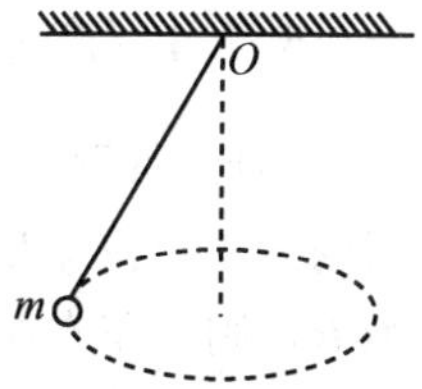

图 5.6.6

3. 如图 5.6.6 所示，用细线吊着一个质量为 m 的小球，使小球在水平面内做匀速圆周运动，关于小球的受力情况，正确的是(　　)。

A. 重力、绳子的拉力、向心力

B. 重力、绳的拉力

C. 重力

D. 以上说法均不正确

4. 一物体在水平面内沿半径为 $R=20$ cm 的圆形轨道做匀速圆周运动，线速度为 $v=0.2$ m/s，则它的向心加速度、角速度和周期各是多少？

5. 如图 5.6.7 所示装置中，三个轮的半径分别为 r，$2r$，$4r$，b 点到圆心的距离为 r，求图中 a，b，c，d 各点的加速度之比。

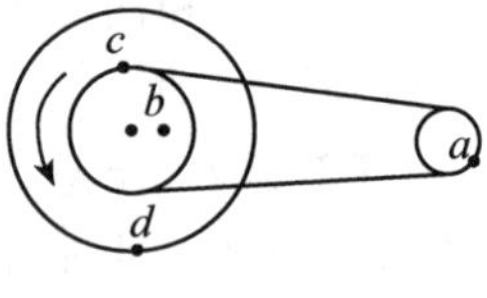

图 5.6.7

6. 一个做匀速圆周运动的物体，若保持其半径不变，角速度增加为原来的 2 倍时，所需要的向心力比原来增加了 60 N，物体原来所需要的向心力是多少？

7. 如图 5.6.8 所示，有一质量为m_1的小球 A 与质量为m_2的物块 B 通过轻绳相连，轻绳穿过光滑水平板中央的小孔 O。当小球 A 在水平板上绕 O 点做半径为 r 的圆周运动时，物块 B 刚好保持静止。求轻绳的拉力和小球 A 运动的线速度大小。

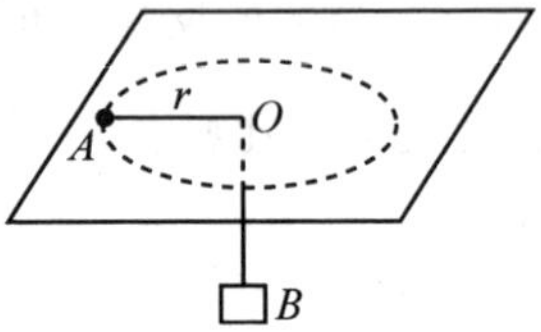

图 5.6.8

8. 质点做半径为 r 的匀速圆周运动，其向心力的大小为 F，当它的半径不变、角速度增加到原来的 2 倍时，其向心力的大小比原来增大了 15 N，则原来的向心力 F 是多大？

5.7 生活中的圆周运动

有了向心力的知识，我们就可以运用牛顿第二定律分析和讨论日常生活中与圆周运动有关的物理现象了。

5.7.1 汽车过桥

拱形桥(图 5.7.1)在生活中非常常见，我们可以将汽车过桥时的运动看作圆周运动。汽车质量为 m，通过拱形桥最高点时速度为 v，若桥面圆弧的半径为 R，则汽车在桥的最高点时对桥的压力为多大？

图 5.7.1　生活中的拱形桥

如图 5.7.2 所示，选汽车为研究对象，分析汽车所受的力。根据牛顿第三定律，若知道了桥面对汽车的支持力，也就知道了汽车对桥的压力。

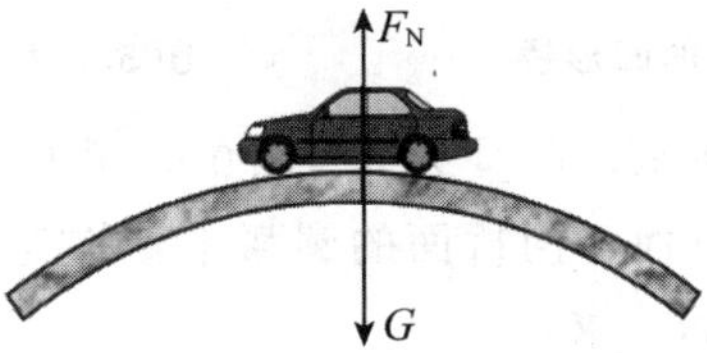

图 5.7.2　汽车过拱形桥

在拱形桥最高点时，汽车在竖直方向上受到重力(G)和桥的支持力(F_N)，它们的合力提供汽车做圆周运动所需的向心力，即

$$F_n = F_{合} = G - F_N。$$

以 a 表示汽车在拱形桥最高点的向心加速度，根据牛顿第二定律 $F=ma$，有

$$F_{合} = ma = m\frac{v^2}{r},$$

故

$$G - F_N = m\frac{v^2}{r},$$

由此可得桥面对汽车的支持力为：

$$F_N = G - m\frac{v^2}{r}。$$

汽车对桥面的压力 F'_N 和桥面对汽车的支持力 F_N 是一对作用力与反作用力，大小相等，所以汽车对桥面的压力为：

$$F'_N = G - m\frac{v^2}{r}。$$

最后的分析结果表明，汽车对桥面的压力比汽车的重力要小，而且汽车通过最高点的速度越大，汽车对桥面的压力越小。试分析，汽车的速度增加到多大时，汽车对桥面的压力为零？

在实际生活中，我们偶尔也会看到凹形桥(图 5.7.3)，汽车过凹形桥时，我们也可以参考上面的方法分析汽车在凹形桥最低点时(图 5.7.4)对桥面的压力，此压力大小为：$F'_N=G+m\dfrac{v^2}{r}$。

图 5.7.3　生活中的凹形桥

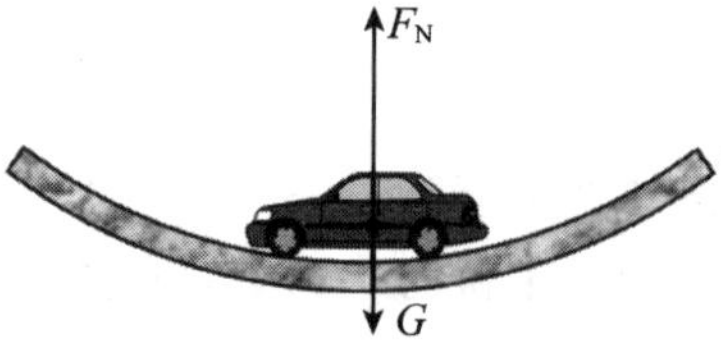

图 5.7.4　汽车过凹形桥

【例题】如图 5.7.5 所示，质量为 $m=2.0\times10^4$ kg 的汽车以不变的速率先后驶过凹形桥面和拱形桥面，两桥面的圆弧半径均为 20 m。如果桥面承受的压力不得超过 3.0×10^5 N，求：

(1)汽车允许的最大速率是多少?

(2)若以所求速度行驶，汽车对桥面的最小压力是多少?($g=10\ \text{m/s}^2$)

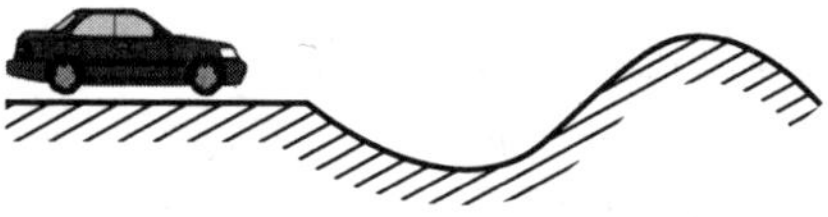

图 5.7.5

分析：汽车通过拱形桥时，随着速度的增大对桥面的压力会减小，而汽车通过凹形桥时随着速度的增大对桥面的压力会增大，所以汽车以相同速度行驶时在凹形桥处对桥面的压力最大，当汽车对凹形桥桥面的压力达到桥面所能承受的最大压力，此时的速率就是汽车允许的最大速率。

解：(1)汽车通过凹形桥时的受力分析如图 5.7.6 所示，它做圆周运动所需要的向心力由重力和桥面的支持力的合力提供，即

$$F_N-G=m\frac{v^2}{r},$$

故

$$v=\sqrt{\frac{(F_N-G)r}{m}},$$

代入数据得

$$v=\sqrt{\frac{(3.0\times10^5-2.0\times10^5)\times20}{2.0\times10^4}}\ \text{m/s}=10\ \text{m/s}。$$

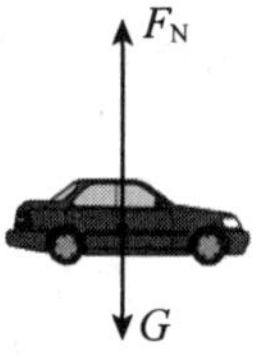

图 5.7.6　汽车通过凹形桥时的受力分析

故汽车允许的最大速度是 10 m/s。

(2)当汽车以速度 $v=10$ m/s 行驶时，汽车通过拱形桥时对桥面的压力最小，此时的受力分析如图 5.7.7 所示，它做圆周运动所需要的向心力由重力和桥面的支持力的合力提供，即

$$G-F_N=m\frac{v^2}{r},$$

故

$$F_N=G-m\frac{v^2}{r},$$

代入数据得

$$F_N=G-m\frac{v^2}{r}=2.0\times10^5\ \text{N}-2.0\times10^4\times\frac{10^2}{20}\ \text{N}=1\times10^5\ \text{N}。$$

由牛顿第三定律可知，汽车对桥面的最小压力为 1×10^5 N。

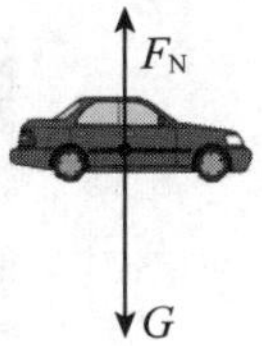

图 5.7.7 汽车通过拱形桥时的受力分析

5.7.2 火车转弯

火车转弯时也是在做圆周运动(图 5.7.8)，那么是什么力来提供向心力呢？通过观察我们可以知道，火车的车轮上有突出的轮缘(图 5.7.9)，在铁轨上可以起到限定方向的作用。如果火车在内外轨一样高的铁路弯道上行驶，外侧车轮的轮缘挤压外轨，使外轨发生弹性形变而产生弹力，外轨对轮缘的弹力就提供火车做圆周运动所需的向心力，如图 5.7.10 所示。但当火车速度一定、质量很大时，所需的向心力也很大，此时轮缘与外轨之间的相互作用力太大，会造成外轨与车轮的严重磨损，甚至会有脱轨的危险。

图 5.7.8 火车转弯

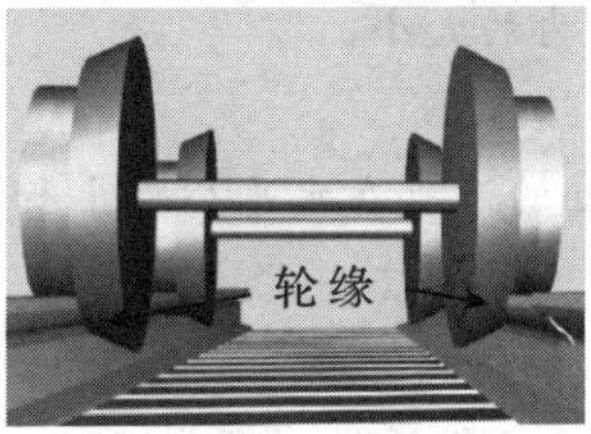

图 5.7.9 火车车轮轮缘

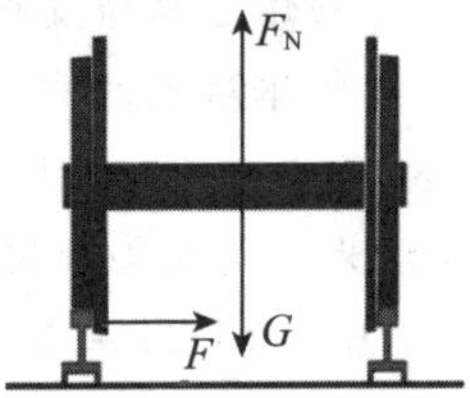

图 5.7.10 火车转弯时外轨对轮缘的弹力提供向心力

为了解决这一问题，设计师通常使铁路弯道处的外轨高于内轨(图 5.7.11)，那么火车转弯时铁轨对火车的支持力F_N的方向不再是竖直向上，而是斜向弯道内侧(图 5.7.12)，它和重力 G 的合力指向圆心，为火车转弯提供了一部分向心力，这样就减轻了轮缘与外轨之间的相互作用力。在修筑铁路时，要根据弯道的半径和规定的行驶速度，适当选择内外轨之间的高度差，使

火车转弯时所需的向心力几乎全部由支持力和重力的合力提供。

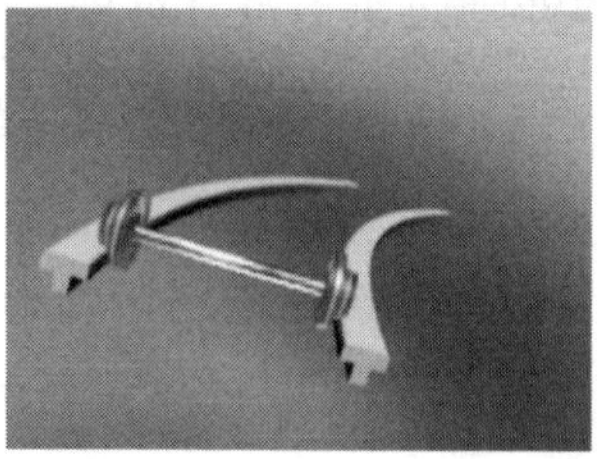

图 5.7.11　倾斜的铁路路基

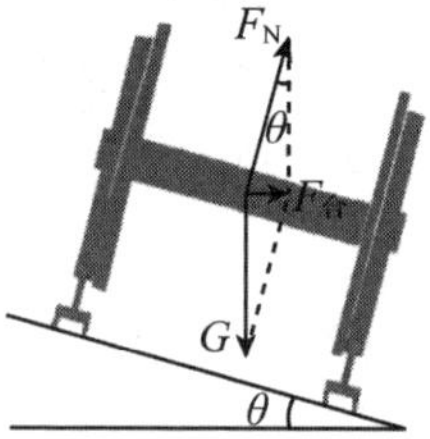

图 5.7.12　火车转弯时重力和支持力的合力提供向心力

【思考】如果火车在转弯处的速度不等于规定的速度会发生怎样的情况？

练习

1. 质量为 4 t 的汽车，以 5 m/s 的速率匀速通过半径为 50 m 的圆弧拱桥，桥面对汽车的动摩擦因数为 $\mu=0.5$，求汽车通过桥面最高点时的牵引力。

2. 质量为 M 的人抓住长 L 的轻绳，绳的另一端系着质量为 m 的小球，现让小球在竖直平面内做圆周运动，当球通过最高点时速率为 v，则此时人对地面的压力是多大？

3. 一辆质量 $m=2.0$ t 的小轿车，驶过半径 $R=90$ m 的一段圆弧形桥面，重力加速度取 $g=10\ \mathrm{m/s^2}$。若桥面为凸形，汽车以 10 m/s 的速度通过桥面最高点时，对桥面压力是多大？

4. 做匀速圆周运动的物体，质量为 2.0 kg，如果物体的速度变为原来的 2 倍，则所需的向心力比原来的向心力大 15 N。试求：

(1)物体原来所受向心力的大小。

(2)物体后来的向心加速度。

5. 质量为 2.0×10^3 kg 的汽车在水平公路上行驶，轮胎与路面间的最大静摩擦力为 1.4×10^4 N。汽车经过半径为 50 m 的弯路时，如果车速达到 72 km/h，这辆汽车会发生侧滑吗？

6. 飞机俯冲时，在最低点附近做半径是 180 m 的圆周运动。如果飞行员的质量是 70 kg，飞行经过最低点的速度是 360 km/h，求这时飞行员对座位的压力。($g=10\ \mathrm{m/s^2}$)

本章小结

- 曲线运动
  - 曲线运动基础知识
    - 定义：曲线运动是轨迹为曲线的运动。
    - 速度方向：质点在某一点（或某一时刻）的速度方向，沿曲线在这一点的切线方向。
    - 物体做曲线运动的条件：运动物体所受合外力的方向跟它的速度方向不在同一直线上。
  - 运动的合成和分解：遵循平行四边形定则。
  - 平抛运动
    - 定义：将物体以一定的初速度沿水平方向抛出，且只在重力作用下所做的运动。
    - 运动特点
      - 具有水平初速度。
      - 只有重力作用。
    - 运动性质：匀变速曲线运动。
    - 运动规律
      - 水平方向：匀速直线运动，$v_x = v_0$，$x = v_0 t$。
      - 竖直方向：自由落体运动，$v_y = gt$，$y = \frac{1}{2}gt^2$。
      - $v = \sqrt{v_x^2 + v_y^2}$，$s = \sqrt{x^2 + y^2}$。
  - 圆周运动
    - 定义：质点的运动轨迹是圆或圆弧的一部分的运动。
    - 运动性质：变速曲线运动。
    - 描述圆周运动的物理量
      - 线速度：$v = \frac{\Delta l}{\Delta t}$，$v = \frac{2\pi r}{T}$。
      - 角速度：$\omega = \frac{\Delta \theta}{\Delta t}$，$\omega = \frac{2\pi}{T}$。
      - 周期。
      - 转速。
    - 线速度和角速度的关系：$v = \omega r$。
    - 向心力：$F_n = m\frac{v^2}{r} = m\omega^2 r = m\frac{4\pi^2}{T^2}r$。
    - 向心加速度：$a_n = \frac{v^2}{r} = \omega^2 r = \frac{4\pi^2}{T^2}r$。
    - 分类
      - 匀速圆周运动：角速度、周期、频率、转速不变，线速度、合力、加速度大小不变，方向时刻改变；合力就是向心力，合力只改变线速度的方向。
      - 非匀速圆周运动：合力一般不是向心力，合力不仅要改变线速度的大小，还要改变线速度的方向。
    - 实际应用
      - 汽车过桥。
      - 火车转弯。

习题五

1. 下列说法中正确的是(　　)。

A. 曲线运动一定是变加速运动

B. 物体在变力作用下一定做曲线运动

C. 曲线运动一定是变速运动

D. 物体在恒力作用下不可能做曲线运动

2. (多选)在高 h 处以初速度 v_0 将物体水平抛出，落地点与抛出点的水平距离为 s，落地时速度为 v_1，则此物体从抛出到落地所经历的时间是(不计空气阻力)(　　)。

A. $\frac{s}{v_0}$　　B. $\sqrt{\frac{2h}{g}}$　　C. $\frac{(v_1-v_0)}{g}$　　D. $\frac{\sqrt{v_1^2-v_0^2}}{g}$

3. (多选)如图所示为皮带传动装置，主动轴 O_1 上有两个半径分别为 R 和 r 的轮，O_2 上的轮半径为 r'，已知 $R=2r$，$r'=\frac{2}{3}R$，设皮带不打滑，则(　　)。

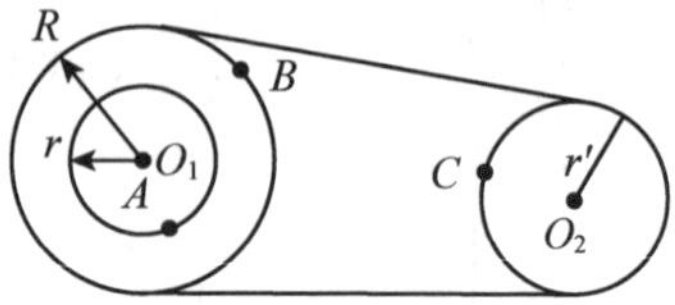

第 3 题图

A. $\omega_A : \omega_B = 1 : 1$

B. $v_A : v_B = 1 : 1$

C. $\omega_B : \omega_C = 1 : 1$

D. $v_B : v_C = 1 : 1$

4. 对于匀速圆周运动的物体，下列物理量中不断变化的是(　　)。

A. 转速　　B. 角速度　　C. 周期　　D. 线速度

5. 关于角速度和线速度，下列说法正确的是(　　)。

A. 半径一定，角速度与线速度成反比

B. 半径一定，角速度与线速度成正比

C. 线速度一定，角速度与半径成正比

D. 角速度一定，线速度与半径成反比

6. 下列关于匀速圆周运动的说法正确的是(　　)。

A. 匀速圆周运动是匀速运动　　B. 匀速圆周运动是加速度不变的运动

C. 匀速圆周运动是变加速运动　　D. 匀速圆周运动是受恒力的运动

7. 下列关于向心加速度的说法中，正确的是(　　)。

A. 向心加速度的方向始终与速度的方向垂直

B. 向心加速度的方向保持不变

C. 在匀速圆周运动中，向心加速度是恒定的

D. 在匀速圆周运动中，向心加速度的大小不断变化

8. 关于向心力的说法正确的是(　　)。

A. 物体由于做圆周运动而产生了向心力

B. 向心力不改变圆周运动物体速度的大小

C. 做匀速圆周运动的物体其向心力是不变的

D. 做圆周运动的物体所受各力的合力一定是向心力

9.(多选)铁道转弯处内、外铁轨间设计有高度差，可以使火车顺利转弯，下列说法中正确的是(　　)。

A. 主要是为了减少车轮与铁轨间的摩擦

B. 主要是为了减少轮缘与铁轨间的挤压

C. 内轨应略高于外轨

D. 重力和支持力的合力为火车转弯提供了向心力

10. 将小球以 3 m/s 的速度平抛出去，它落地时的速度为 5 m/s，求小球在空中运动的时间和位移。(g 取 10 m/s^2)

11. 中型拖拉机后轮直径是前轮直径的 2 倍，匀速行驶时，对于前轮边缘上的 A 点和后轮边缘上的 B 点，它们的线速度、角速度、向心加速度大小之比分别是多少?

12. 质量为 m 的小球在竖直平面内的圆形轨道的内侧运动，经过最高点而不脱离轨道的临界速度是 v，当小球以 $2v$ 的速度经过最高点时，对轨道的压力是多大?

13. 飞机俯冲时，在最低点附近做半径为 R 的匀速圆周运动，这时飞行员超重达到其自身所受重力的 3 倍，求此时飞机的飞行速度。

14. 司机为了能够控制驾驶的汽车，汽车对地面的压力一定要大于零，在高速公路上所建的高架桥的顶部可以看作一个圆弧，若设计高速公路高架桥时限定速率为 180 km/h，则高架桥顶部的圆弧半径至少应为多大?

15. 如图所示，轻杆 OA 长 $l=0.5$ m，在 A 端固定一小球，小球质量 $m=0.5$ kg，以 O 点为轴使小球在竖直平面内做圆周运动，当小球到达最高点时的速度大小为 $v=0.4$ m/s，求在此位置时杆对小球的作用力。($g=10$ m/s^2)

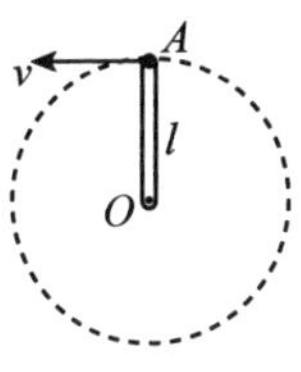

第 15 题图

16. 某人为了测定一个凹形桥的半径，在乘汽车通过凹形桥最低点时，他注意到车上的速度计示数为 72 km/h，悬挂 1 kg 钩码的弹簧测力计的示数为 11.8 N，则桥的半径为多大?($g=9.8$ m/s^2)

17. 一辆质量 $m=2.0\times10^4$ kg 的小轿车，驶过半径 $R=20$ m 的一段凹形桥面，重力加速度取 $g=10$ m/s^2。求汽车以 10 m/s 的速度通过桥面最低点时对桥面的压力。

第六章　万有引力定律及其应用

自古以来，星空中壮丽璀璨的景象吸引着人们探究其中的奥秘。17世纪，牛顿以他超人的思维将天空中的现象和地面上的现象统一起来，成功地解释了天体运行的规律，并提出了对人类智慧影响深远、在天体运动中起着决定性作用的万有引力定律，这一定律揭示了地上物体运动的规律与天体运行的规律具有内在一致性，成功地实现了天体力学与普通力学的统一。在这一理论的指导下，人类不但登上了月球，并且借助计算机、空间探测器等工具实现了人类对星体的实地考察，为人类进一步探索宇宙的奥秘、开发和利用宇宙空间打下了坚实的基础。

在这一章，我们将学习万有引力定律及其应用，并了解它的发现历程和在人类开拓太空中所起的作用。

6.1　天体的运动

6.1.1　天体究竟做怎样的运动

人类对于天体运动的认识，经历了一个漫长而曲折的过程。在古代，人们根据日常的观察和经验（如太阳、月亮的东升西落等）得出：地球是宇宙的中心，是静止不动的，太阳、月亮等其他天体都是围绕地球转动的（图 6.1.1），这就是“地心说”。这种学说最初由古希腊学者欧多克斯在公元前 3 世纪提出，后来经古希腊科学家托勒密进一步发展而逐渐建立和完善起来。

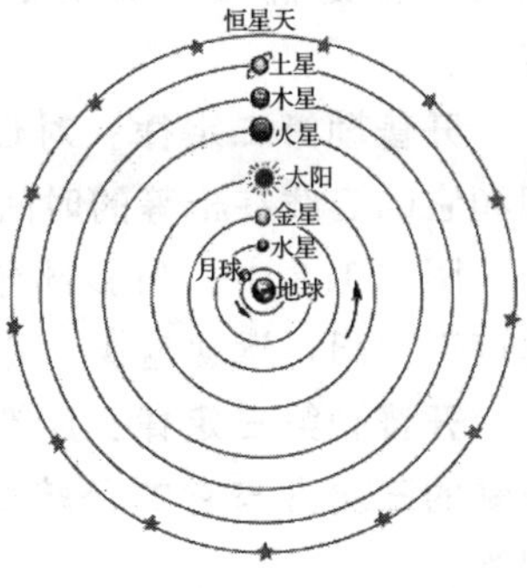

图 6.1.1

随着天文观测的不断进步，“地心说”暴露出许多问题，逐渐被波兰天文学家哥白尼提出的“日心说”所取代。哥白尼经过近四十年的观测和计算，于 1543 年出版了《天体运行论》正式提出“日心说”，“日心说”认为太阳是宇宙的中心，并且静止不动，一切行星都围绕太阳做圆周运动（图 6.1.2）。

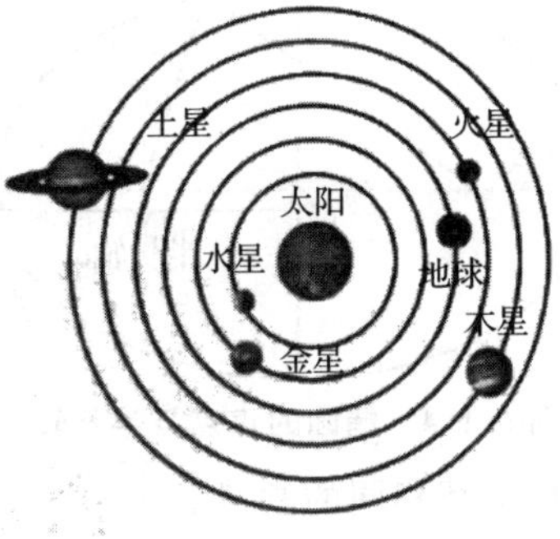

图 6.1.2

哥白尼“日心说”的提出迈出了人类认识宇宙历程中最艰难而又最重要的一步，标志着科学开始从各种传统错误观念的束缚中解放出来，揭开了近代自然科学的序幕。

6.1.2　开普勒行星运动定律

无论是“地心说”还是“日心说”，都认为天体的运动一定是最完美、最和谐的匀速圆周运动。德国天文学家开普勒在研究他的老师——丹麦天文学家第谷的行星观测数据时发现：如果假设行星绕太阳的运动是匀速圆周运动，计算所得的数据与第谷的观测数据之间有一个偏差；只有假设行星绕太阳运动的轨道是椭圆而不是圆，这个偏差才可以消除。1609 年开普勒的《新天文学》出版，他在该书中发表了第一、第二行星运动定律，1619 年，他又在《宇宙的和谐》一书中发表了第三行星运动定律，后人称为**开普勒行星运动定律**。

开普勒第一定律：所有的行星围绕太阳运动的轨道都是椭圆，太阳处在所有椭圆的一个焦点上。

开普勒第二定律：对任意一个行星来说，太阳和它的连线在相等的时间内扫过相等的面积。

图 6.1.3 中，阴影部分面积相同，表明行星越接近太阳，运动越快，越远离太阳，运动越慢。

开普勒第三定律：所有行星的椭圆轨道的半长轴的三次方与它的公转周期的二次方的比值都相等。

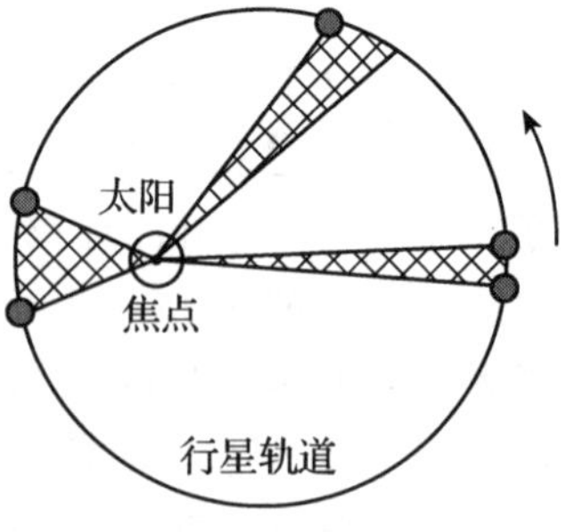

图 6.1.3　太阳和它的连线在相等的时间内扫过相等的面积

若用 a 表示椭圆轨道的半长轴(图 6.1.4)，T 表示公转周期，则开普勒第三定律可以表示为：

$$\frac{a^3}{T^2}=k。$$

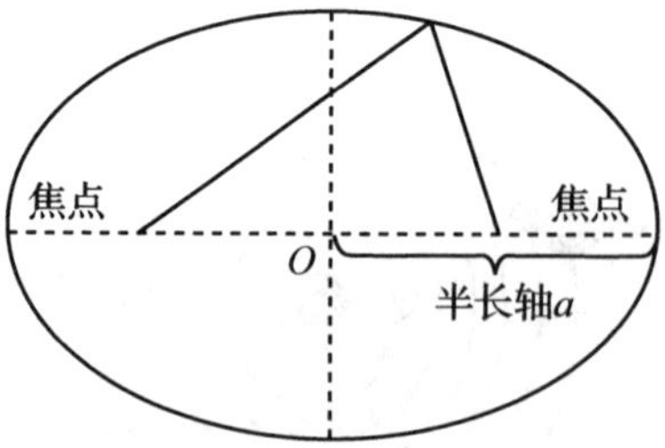

图 6.1.4　椭圆的焦点与半长轴

其中 k 是一个对所有行星都相同的常量。

实际上，行星的轨道与圆十分接近，在中学阶段的研究中我们一般按圆轨道处理，因此，开普勒行星运动定律可以简化为：

(1)行星绕太阳运动的轨道十分接近圆，太阳处在圆心。

(2)对某一行星来说，它绕太阳做圆周运动的角速度(或线速度大小)不变，即行星做匀速圆周运动。

(3)所有行星轨道半径的三次方跟它的公转周期的二次方的比值都相等，即 $\frac{r^3}{T^2}=k$。

开普勒的重要发现，为人类解决行星运动学问题提供了依据，澄清了多年以来人们对天体运动神秘、模糊的认识，也为牛顿创立他的天体力学理论奠定了基础。

练习

1. 关于行星绕太阳运动的下列说法中正确的是(　　)。

A. 所有行星都在同一椭圆轨道上绕太阳运动

B. 行星绕太阳运动时太阳位于行星轨道的中心处

C. 离太阳越近的行星运动周期越长

D. 所有行星的轨道的半长轴的三次方跟公转周期的二次方的比值都相等

2.(多选)关于行星的运动说法正确的是(　　)。

A. 行星半长轴越长，自转周期越大

B. 行星半长轴越长，公转周期越大

C. 水星半长轴最短，公转周期最大

D. 冥王星半长轴最长，公转周期最大

3. 行星绕恒星的运动轨道如果是圆形，那么运行周期 T 的平方与轨道半径 r 的三次方的比为常数，设 $T^2/r^3=k$，则常数 k 的大小(　　)。

A. 只与恒星的质量有关　　B. 与恒星的质量及行星的质量有关

C. 只与行星的质量有关　　D. 与恒星的质量及行星的速度有关

4. 在太阳系中，有八大行星绕着太阳运行，按着距太阳的距离排列，由近及远依次是：水星、金星、地球、火星、木星、土星、天王星、海王星。如果把这些行星的运动近似为匀速圆周运动，那么它们绕太阳运行一周所用的时间最长的是__________，运行角速度最大的是________。

5. 开普勒行星运动三大定律不仅适用于行星绕太阳的运动，也适用于卫星绕行星的运动。如果一颗人造地球卫星沿椭圆轨道运动，它在离地球最近的位置(近地点)和最远的位置(远地点)，哪点的速度比较大？

6. 银河系中有两颗行星环绕某恒星运转，从天文望远镜中观察它们的运转周期为 27∶1，则它们的轨道半长轴比是多少？

7. 已知木星绕太阳的公转周期约是地球绕太阳公转周期的 12 倍，则木星轨道半长轴是地球轨道半长轴的多少倍？

6.2　万有引力定律

在浩瀚的宇宙中，天体在不停地运动。太阳系中的行星都围绕太阳运动，月球围绕地球运动……那么，是什么力使天体维持这些运动呢？

6.2.1　太阳与行星间的引力

开普勒的行星运动定律发现以后，人们知道了行星如何围绕太阳运动，但不知道它们为什么会围绕太阳运动。对此，伽利略、开普勒和笛卡儿都提出过他们各自的观点。在牛顿所处的年代，许多科学家如胡克、哈雷等对这一问题有了进一步的认识。胡克等人认为：行星绕太阳运动是因为受到了太阳对它的引力，甚至证明了如果行星的轨道是圆形的，其所受的引力大小跟行星到太阳的距离的二次方成反比，但没法证明在椭圆轨道这个规律也成立。牛顿在前人的研究基础上，凭借超凡的数学能力证明了这一结论在行星的轨迹是椭圆时也成立，还指出这种引力应当与星体的质量成正比，从而确定了它的表达式。

为了使问题简化，我们将行星绕太阳的运动看作匀速圆周运动。如图 6.2.1 所示，设行星的质量为 m，速度为 v，行星到太阳的距离为 r，则行星绕太阳做匀速圆周运动的向心力为：

$$F=m\frac{v^2}{r}。 \quad ①$$

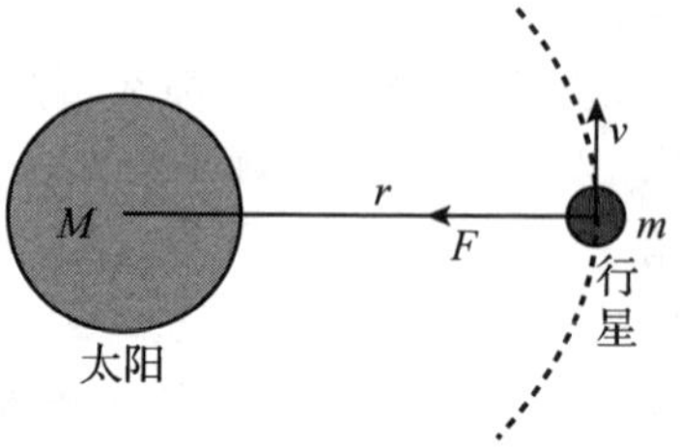

图 6.2.1　行星绕太阳运动

式中行星运动的速度 v 用天文观测难以直接得到，但是行星的公转周期 T 容易测量，它们之间的关系为 $v=\frac{2\pi r}{T}$，代入①式可得：

$$F=\frac{4\pi^2 mr}{T^2}。 \quad ②$$

根据开普勒第三定律 $\frac{r^3}{T^2}=k$ 可得：

$$T^2=\frac{r^3}{k}。 \quad ③$$

将③式代入②式得：

$$F=4\pi^2 k\frac{m}{r^2}。 \quad ④$$

在④式中，$4\pi^2 k$ 是常量，由此可得：

$$F\propto\frac{m}{r^2}。$$

这表明：太阳对不同行星的引力，与行星的质量成正比，与行星和太阳间距离的二次方成反比。

力的作用是相互的，即太阳对行星有引力，行星对太阳也有引力。设这个力为 F'(图 6.2.2)，则 F'应与太阳的质量 M 成正比，与行星和太阳间距离的二次方正反比，即

$$F' \propto \frac{M}{r^2}。$$

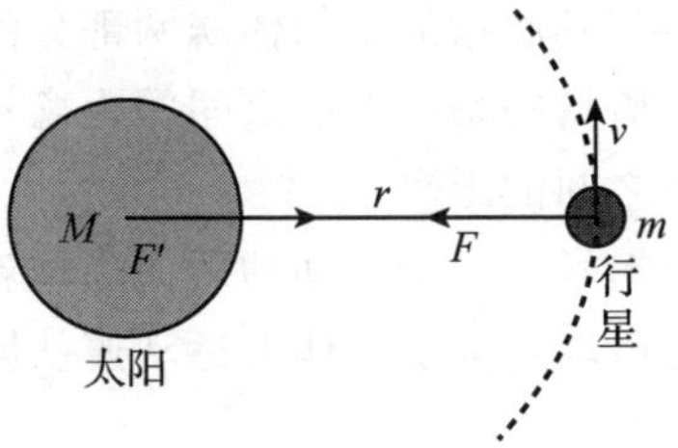

图 6.2.2 行星对太阳也有引力

根据牛顿第三定律，太阳对行星的引力 F 和行星对太阳引力 F'大小相等，故有：

$$F = F' \propto \frac{mM}{r^2}。$$

写成数学表达式就是：

$$F = G\frac{mM}{r^2}。$$

式中 G 为比例系数，与太阳、行星都没有关系。

6.2.2 万有引力定律的内容及其表达式

既然因太阳和行星之间的引力使得行星不能飞离太阳，那么是什么力使得地面上的物体不能离开地球，总要落回地面呢？这个力与太阳和行星之间的引力是不是同一种力呢？

牛顿在得出太阳和行星间引力的大小与太阳的质量、行星的质量成正比，与两者距离的二次方成反比的结论后，还通过计算证明了月球绕地球运动时，地球对月球的引力遵循同样的规律。牛顿在研究了其他不同物体间的引力作用后，认为它们都遵循上述规律。因此，他认识到普遍存在于宇宙间并且是由于物体具有质量而产生的一种作用力——万有引力，并于 1687 年在其出版的《自然哲学的数学原理》一书中正式提出了**万有引力定律**：

自然界中任何两个物体都相互吸引，引力的方向在它们的连线上，引力的大小与物体的质量m_1和m_2的乘积成正比，与它们之间距离 r 的二次方成反比。 其数学表达式为：

$$F = G\frac{m_1 m_2}{r^2}。$$

式中，G 是比例系数，称为**引力常量**，适用于任何两个物体。引力常量的大小等于两个质量为 1 kg 的物体相距 1 m 时的万有引力的大小，它在 1798 年首先由英国物理学家卡文迪许在实验室里通过几个铅球之间万有引力的测量比较准确的测出。目前推荐的标准值为 $G=6.672\ 59\times10^{-11}\,\mathrm{N\cdot m^2/kg^2}$，通常取 $G=6.67\times10^{-11}\,\mathrm{N\cdot m^2/kg^2}$。

"两个物体之间的距离"到底指的是物体哪两部分的距离呢？对于可以看作质点的两个物体，这个距离指的是两个质点间的距离；对于质量分布均匀的两个球体，指的是两个球心之间的距离。

万有引力定律向人们揭示了复杂运动的后面隐藏着简洁的科学规律，也让人们认识到地面上物体的运动和天上物体的运动遵从同一规律。

练习

1. 关于万有引力定律的适用范围，下列说法中正确的是(　　)。

A. 只适用于天体，不适用于地面物体

B. 只适用于球形物体，不适用于其他形状的物体

C. 只适用于质点，不适用于实际物体

D. 适用于自然界中任意两个物体之间

2. 一颗运行中的人造地球卫星，若它到地心的距离为 r 时，所受万有引力为 F，则它到地心的距离为 $2r$ 时，所受万有引力为(　　)。

A. $1/4F$　　B. $1/2F$　　C. $4F$　　D. $2F$

3. 既然任何物体之间都存在着引力，为什么当两个人接近时他们不会吸在一起？试求两个质量为 50 kg 的人相距 1 m 时，他们之间的万有引力。

4. 地球质量约为月球质量的 81 倍，一飞行器位于地球与月球之间，当它受到地球和月球的引力的合力为零时，飞行器距地心距离与距月心距离之比为多少？

5. 如图 6.2.3 所示，操场两边放着半径分别为 r_1，r_2，质量分别为 m_1，m_2的篮球和足球，二者的间距为 r，则两球间的万有引力大小有多大？

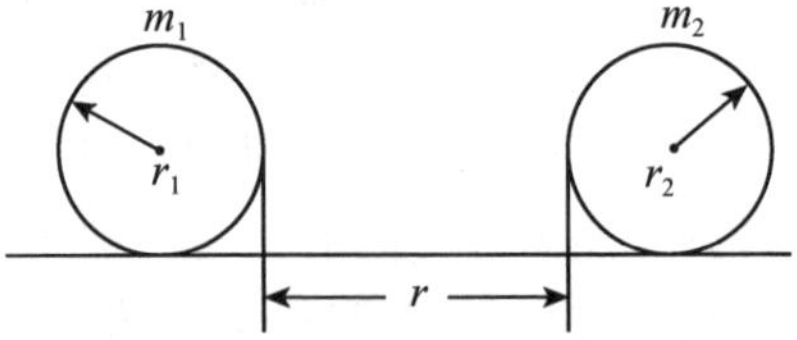

图 6.2.3

6. 已知电子的质量为 0.91×10^{-30} kg，质子的质量为 1.67×10^{-27} kg，如果电子与质子间相距为 1.0×10^{-10} m，则它们之间的万有引力有多大？

7. 设地球表面的重力加速度为g_0，物体在距地面 $3R$(R 是地球半径)处，由于地球作用而产生的加速度为 g，则 g 与g_0之比是多少？

6.3　万有引力定律的应用

自从引力常量被卡文迪许测量出来后，万有引力定律逐渐显示其强大的威力，人们利用它只需简单的计算就可以知道太阳、行星等巨大天体的质量，还可以预言未知天体的轨道和位置。

6.3.1　计算天体的质量

地球的质量是多少？这不可能用天平来测量，但是我们可以通过万有引力定律来“称量”。如果已知引力常量 G、地球半径 R 和重力加速度 g，在不考虑地球自转的情况下，我们可以认为地面上质量为 m 的物体所受的重力 mg 等于地球对物体的引力，即

$$mg=G\frac{mM}{R^2}。$$

其中 M 为地球的质量，由上式可以解出：

$$M=\frac{gR^2}{G}。$$

应用万有引力定律还可以求出太阳的质量。设 M 是太阳的质量，m 是某个行星的质量，r 是行星与太阳之间的距离，ω 是行星公转的角速度，T 是行星公转的周期。行星做匀速圆周运动所需的向心力由它们之间的万有引力提供，即

$$G\frac{mM}{r^2}=m\omega^2 r。$$

由于行星公转的角速度 ω 不能直接测出，而它的公转的周期 T 可以直接测出，它们之间的关系为 $\omega=\frac{2\pi}{T}$，代入上式得：

$$G\frac{mM}{r^2}=m\left(\frac{2\pi}{T}\right)^2 r。$$

从中求出太阳的质量为：

$$M=\frac{4\pi^2 r^3}{GT^2}。$$

由此可见，只要测出行星的公转周期及它与太阳之间的距离，就可以计算出太阳的质量。同理，如果已知卫星绕行星运动的周期及行星与卫星之间的距离，也可以计算出行星的质量。

6.3.2　预测未知天体

1781 年，英国天文学家威廉·赫歇尔用望远镜发现了太阳系的第七颗行

星——天王星，经过仔细地观测发现：天王星的实际运动轨道与由万有引力定律计算出来的轨道总有一些偏差。据此，有人认为万有引力定律的正确性有问题，也有人认为在天王星轨道以外还有一颗未发现的行星，它对天王星的吸引使其轨道发生了偏离。

为了证实后一种猜想，英国剑桥大学的学生亚当斯和法国年轻的天文学家勒维耶根据天王星的观测数据，计算了这颗未知“新”行星的质量、轨道和位置。德国的伽勒于1846年9月23日晚在勒维耶预言的位置附近发现了这颗行星——海王星，人们称其为“笔尖下发现的行星”(图6.3.1)。海王星的发现，被认为是牛顿引力理论的伟大胜利。

图6.3.1 海王星

海王星发现之后，人们发现它的轨道也与理论计算的不一致，于是几位学者用亚当斯和勒维耶的方法预言另一颗新星的存在。在预言提出之后，1930年，克莱德·汤博发现了这颗新行星——冥王星。太阳系中还有多少未知的行星呢？科学家的探索工作从来没有停止过。

练习

1. 某行星半径为R，万有引力常数为G，该行星表面的重力加速度为g，则该行星的质量为多大？

2. 某人造地球卫星沿圆轨道运行，轨道半径是r，周期是T。试估算地球的质量。

3. 我国月球探测计划“嫦娥工程”已经启动，科学家对月球的探索会越来越深入。若已知地球半径为R，地球表面的重力加速度为g，月球绕地球运动的周期为T，月球绕地球的运动近似看作匀速圆周运动，试求出月球绕地球运动的轨道半径r。

4. 火星的半径约是地球半径的一半，火星质量约为地球质量的$\frac{1}{9}$，那么地球表面质量为50 kg的物体受到地球的吸引力约是火星表面同质量的物体受到火星吸引力的几倍？

5. 假定地球绕太阳做匀速圆周运动，周期为365天，地球到太阳的距离为1.5×10^{11} m，取$G=6.67\times10^{-11}\text{N}\cdot\text{m}^2/\text{kg}^2$，求太阳的质量。

6. 登月舱在离月球表明112 km的高空环绕月球运动，运行周期为120.5 min。已知月球半径为1.7×10^3 km，试估算月球的质量。

7. 某人造地球卫星沿圆轨道运行，轨道半径是6.8×10^3 km，周期是5.6×10^3 s。试从这些数据中估算地球的质量。

6.4　人造卫星和宇宙航行

探索宇宙的奥秘，奔向广阔而遥远的太空，是人类自古以来的梦想。而今，人类应用万有引力定律并结合各种先进技术已经逐步进入太空，并登上月球。

6.4.1　人造卫星

在三百多年前，牛顿在思考万有引力定律时就曾设想：从高山上用不同的水平速度抛出物体，速度一次比一次大，落地点也就一次比一次离山脚远。如果没有空气阻力，当物体的速度足够大时，它就永远不会落到地面上来，它将围绕地球旋转成为一颗绕地球运动的人造地球卫星(图 6.4.1)，简称**人造卫星**。

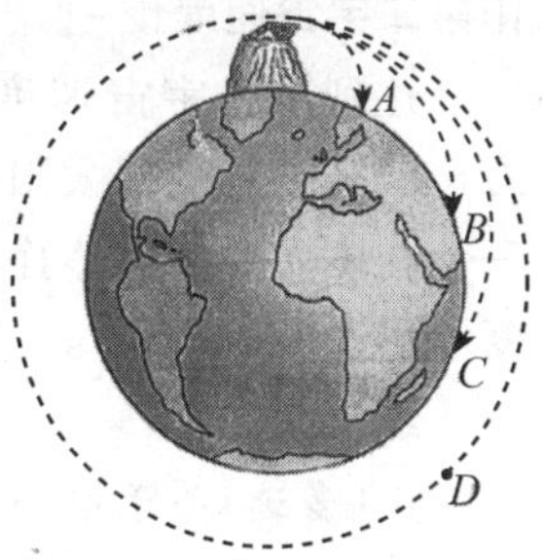

图 6.4.1　牛顿曾设想的人造卫星原理图

1957 年，苏联成功地把世界上第一颗绕地球运行的人造卫星送入轨道，震惊了全世界。此后，众多人造卫星、空间站，被相继发射进入轨道，用于通信、广播、导航、侦查、收集气象数据和其他许多领域内的科学研究。

6.4.2　宇宙速度

牛顿曾说“当物体的速度足够大时，它就永远不会落到地面上来……”，那么，牛顿所说的足够大的速度是多大呢？

如果忽略空气阻力，地球的质量为 M，卫星的质量为 m，卫星的速度为 v，卫星到地心的距离为 r。由于此时卫星围绕地球做匀速圆周运动的向心力由卫星与地球之间的引力提供，所以

$$G\frac{mM}{r^2}=m\frac{v^2}{r},$$

由此解得

$$v=\sqrt{\frac{GM}{r}}。$$

这就是卫星在不同轨道运行时的速度表达式。

对于近地卫星，由于其在 100～200 km 的高度飞行，相对于地球半径 $R=6400$ km 可以忽略不计，可认为在“地面附近”飞行，则上式中 $r\approx R$，代入数据可得：

$$v=\sqrt{\frac{6.67\times10^{-11}\times5.98\times10^{24}}{6.40\times10^{6}}}\ \text{m/s}=7.9\ \text{km/s}。$$

这就是物体在地面附近绕地球做匀速圆周运动所必须具有的速度，叫作**第一宇宙速度**，也称为“最小发射速度”。

如果发射速度大于 7.9 km/s 而小于 11.2 km/s，物体围绕地球运动的轨迹不是圆，是椭圆，但还在地球的引力范围之内。当物体发射速度大于或等于 11.2 km/s 时卫星会克服地球的引力，永远离开地球，成为围绕太阳运动的人造卫星。我们把 11.2 km/s 叫作**第二宇宙速度**。

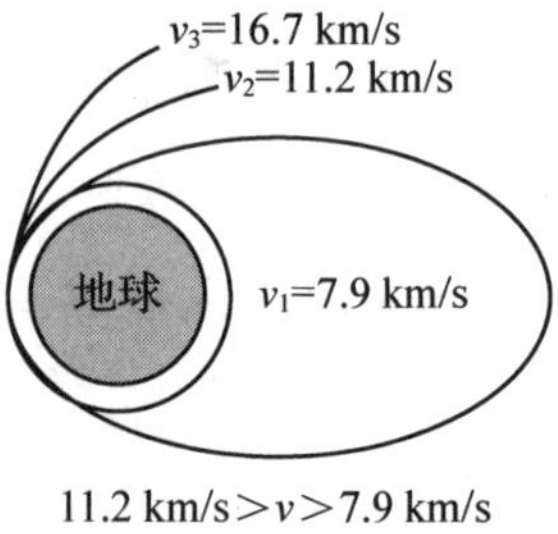

图 6.4.2　三个宇宙速度

达到第二宇宙速度的物体虽然脱离了地球的引力，但是它还受到太阳引力的作用。从地面附近发射一个物体，要使物体挣脱太阳的引力束缚而飞到太阳系外，必须使它的发射速度不小于 16.7 km/s。这个速度称为**第三宇宙速度。**(图 6.4.2)

练习

1.(多选)关于第一宇宙速度，下列说法正确的是(　　)。

A. 它是人造卫星绕地球飞行的最小速度

B. 它是近地圆轨道上人造卫星的运行速度

C. 它是能使卫星进入圆形轨道的最小发射速度

D. 它是能使卫星进入轨道的最大发射速度

2. 天宫一号和神舟十号在对接前，天宫一号的运行轨道高度为350 km，神舟十号的运行轨道高度为 343 km。它们的运行轨道均视为圆周，则对接前天宫一号和神舟十号相比(　　)。

A. 天宫一号的线速度大　　　　B. 神舟十号周期长

C. 天宫一号的角速度大　　　　D. 神舟十号的加速度大

3. 两颗人造地球卫星，都绕地球做匀速圆周运动，其轨道半径之比为$r_1:r_2=4:1$，则这两颗卫星的线速度、角速度、向心加速度大小之比分别是多少?

4. 设月球绕地球运动的周期为 27 天，则地球的同步卫星到地球中心的距离 r 与月球中心到地球中心的距离 R 之比是多少?

5. 宇宙飞船进入一个围绕太阳运行的近乎圆形的轨道上运动，如果轨道半径是地球轨道半径的 9 倍，那么宇宙飞船绕太阳运行的周期是多少?

6. 一颗人造地球卫星在离地面高度等于地球半径的圆形轨道上运行，其运行速度是地球第一宇宙速度的几倍?

7. 一个行星，其半径比地球的半径大 2 倍，质量是地球的 25 倍，则它表面的重力加速度是地球表面重力加速度的多少倍?

本章小结

- 万有引力定律及其应用
  - 人类对行星运动规律的认识
    - 地心说与日心说
      - 地心说认为地球是宇宙的中心。
      - 日心说认为太阳是宇宙的中心。
    - 开普勒行星运动定律
      - 第一定律（椭圆定律）：所有的行星围绕太阳运动的轨道都是椭圆，太阳处在所有椭圆的一个焦点上。
      - 第二定律（面积定律）：对任意一个行星来说，太阳和它的连线在相等的时间内扫过相等的面积。
      - 第三定律（周期定律）：所有行星的椭圆轨道的半长轴的三次方与它的公转周期的二次方的比值都相等，即 $\frac{a^3}{T^2}=k$。
  - 万有引力定律
    - 内容：自然界中任何两个物体都相互吸引，引力的方向在它们的连线上，引力的大小与物体的质量 m_1 和 m_2 的乘积成正比，与它们之间距离 r 的二次方成反比。
    - 公式：$F=G\frac{m_1m_2}{r^2}$。
    - 引力常量的测定
      - 卡文迪许扭称实验。
      - 引力常量：$G=6.67\times10^{-11}\ \mathrm{N\cdot m^2/kg^2}$。
  - 万有引力定律的应用
    - 计算地球的质量：$M=\frac{gR^2}{G}$（或 $GM=gR^2$）。
    - 计算天体的质量：$G\frac{Mm}{r^2}=m\frac{4\pi^2}{T^2}r \Rightarrow M=\frac{4\pi^2r^3}{GT^2}$。
    - 发现未知天体：海王星和冥王星。
  - 宇宙航行
    - 人造地球卫星 $G\frac{Mm}{r^2}=$
      - $m\frac{4\pi^2}{T^2}r \Rightarrow T=2\pi\sqrt{\frac{r^3}{GM}}$。
      - $m\frac{v^2}{r} \Rightarrow v=\sqrt{\frac{GM}{r}}$。
      - $m\omega^2r \Rightarrow \omega=\sqrt{\frac{GM}{r^3}}$。
    - 宇宙速度
      - 第一宇宙速度：7.9 km/s。
      - 第二宇宙速度：11.2 km/s。
      - 第三宇宙速度：16.7 km/s。

习题六

1.(多选)关于行星的运动，下列说法中正确的是(　　)。

A. 行星轨道的半长轴越长，公转周期越长

B. 行星轨道的半长轴越长，公转周期越短

C. 水星的半长轴最短，公转周期最大

D. 海王星离太阳“最远”，绕太阳运动的公转周期最长

2. 地球绕太阳的运行轨道是椭圆，因而地球与太阳之间的距离随季节变化。冬至这天地球离太阳最近，夏至最远。下列关于地球在这两天绕太阳公转速度大小的说法中，正确的是(　　)。

A. 地球公转速度是不变的　　B. 冬至这天地球公转速度大

C. 夏至这天地球公转速度大　　D. 无法确定

3. 发现万有引力定律的科学家是(　　)。

A. 爱因斯坦　　B. 卡文迪许　　C. 开普勒　　D. 牛顿

4.(多选)利用下列哪组数据可以计算出地球的质量？(　　)

A. 不考虑地球自转，地球半径 R 和地球表面的重力加速度 g

B. 卫星绕地球运动的轨道半径 r 和周期 T

C. 地球绕太阳运行的周期及地球离太阳的距离

D. 卫星绕地球运动的线速度 v 和周期 T

5. 关于宇宙速度，下列说法正确的是(　　)。

A. 第一宇宙速度是能使人造地球卫星绕地球飞行的最小发射速度

B. 第二宇宙速度是卫星在椭圆轨道上运行时近地点的速度

C. 第一宇宙速度是人造地球卫星绕地球飞行的最小速度

D. 第三宇宙速度是发射人造地球卫星的最小速度

6. 同步地球卫星相对地面静止不动，犹如悬在高空中，下列说法错误的是(　　)。

A. 同步卫星处于平衡状态

B. 同步卫星的速率是唯一的

C. 各国的同步卫星都在同一圆周上运行

D. 同步卫星加速度大小是唯一的

7. 地球半径为 R，地面附近的重力加速度为 g，物体在离地面高度为 h 处的重力加速度的表达式是(　　)。

A. $\dfrac{R+h}{R}$　　B. $\dfrac{R}{R+h}g$　　C. $\dfrac{(R+h)^2}{R^2}g$　　D. $\dfrac{R^2}{(R+h)^2}g$

8. 行星 A 和行星 B 都是均匀球体，A 与 B 的质量比为 2∶1，A 与 B 的半径比为 1∶2。行星 A 的卫星 a 沿圆轨道运行的周期为 T_a，行星 B 的卫星 b 沿圆轨道运行的周期为 T_b，两卫星轨道都非常接近各自的行星表面。则它们的运动周期比 T_a∶T_b 为(　　)。

A. 1∶4　　B. 1∶2　　C. 2∶1　　D. 4∶1

9. 如图所示，甲、乙两颗质量相等的卫星绕地球做匀速圆周运动，它们的轨道半径分别为 $r_甲$，$r_乙$，且 $r_甲<r_乙$，它们的线速度大小分别为 $v_甲$，$v_乙$，地球对他们的引力分别为 $F_甲$，$F_乙$。下列关系正确的是(　　)。

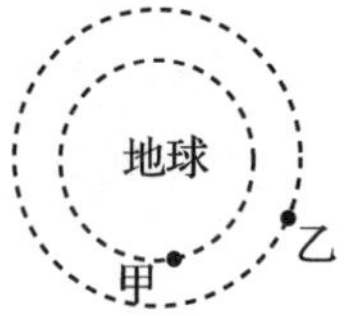

第 9 题图

A. $v_甲>v_乙$　　B. $v_甲=v_乙$

C. $F_甲<F_乙$　　D. $F_甲=F_乙$

10. 宇航员站在一星球表面上某高处，沿水平方向抛出一个小球，经过时间 t，小球落到星球表面，测得抛出点和落地点之间的距离为 L。若抛出时的速度增大到 2 倍，则抛出点到落地点之间的距离为 $\sqrt{3}L$，已知两落地点在同一水平面上，该星球半径为 R，引力常量为 G。求该星球的质量。

11. 若已知地球和月球的质量之比为 81∶1，半径之比为 4∶1，则在地球上和月球上发射卫星所需最小速度 $v_地$ 与 $v_月$ 之比为多少？

12. 某星球质量约为地球质量的 16 倍，半径约为地球半径的 $\frac{1}{2}$，若在地球表面附近 h 高度处平抛一物体，水平射程为 40 m，则在该星球上从同样高度以同样的初速度水平抛出此物体，水平射程为多少？

13. 假设地球和月球都是均匀的球体，地球的质量 M_0 和月球的质量 M 之比为 p，地球的半径 R_0 和月球的半径 R 之比为 q，那么地球表面的重力加速度 g_0 和月球表面的重力加速度 g 之比等于多少？

14. 两个质量为 m_1，m_2 的均匀球体，球心间距为 L，在其连线上有一质量为 m 的小球，小球受到 m_1 与 m_2 对它的引力，若引力的合力为零，则 m 到质量为 m_2 的小球的距离为多少？

15. 金星的半径约是地球的 0.95，质量约是地球的 0.82，金星表面的自由落体加速度是多大？金星的“第一宇宙速度”是多大？

第七章　机械能守恒定律

人类的任何活动都离不开能量：家用电器的使用离不开电厂供应的电能；核电站要利用原子核裂变时释放的核能；植物的生长需要依赖太阳能；风车的转动利用了风能；人类生活需要摄入食物中的化学能；太阳能热水器将水加热利用了光能……

人类在长期的科学实践中已经建立起各种形式的能量概念及其量度的方法，如动能、势能、电能、电磁能、热能、核能等，并且发现相同形式的能量可以在不同物体间转移、不同形式的能量之间可以相互转化，在转移或转化过程中遵从能量守恒这个基本原理。

在这一章里，我们主要学习动能、重力势能及其相互转化所遵循的规律。

7.1　功

7.1.1　做功与能量的变化

过山车从最高点向下运动时重力做功，重力势能转化为动能[图 7.1.1(a)]；水流在向下倾泻的过程中重力做功，重力势能转化为动能[图 7.1.1(b)]；列车在机车的牵引力作用下速度越来越快是因为牵引力做功，燃料燃烧释放的化学能转化为动能[图 7.1.1(c)]……这些例子都说明了能量转化都伴随着做功的过程。但是，我们要如何来定量的描述能量的转化过程呢？那就是做功。

(a) 过山车从高处滑下　　(b) 水流从高处倾泻而下　　(c) 列车快速运动

图 7.1.1　几种不同的能量变化

7.1.2　功的计算

在学习初中物理时，我们已经认识到：如果一个物体受到力的作用，并且在力的方向上发生了位移，我们就说这个力对物体做了**功**。水流在重力的作用下发生了一段位移，重力对水流做了功。列车在机车的牵引力作用下发生一段位移，牵引力就对列车做了功。人推车前进时，车在人的推力作用下发生了一段位移，推力对车做了功。由此可见，**做功的两个必要因素是：力和物体在力的方向上发生的位移**。功的大小由力的大小和物体在力的方向上发生的位移的大小来决定，力越大，物体在力的方向上发生的位移越大，力对物体做的功也就越大。

当力的方向与物体位移的方向一致时(图 7.1.2)，力对物体做的功等于力的大小和与位移大小的乘积。用 F 表示物体受到的力，用 l 表示物体发生的位移，用 W 表示力 F 做的功，则：

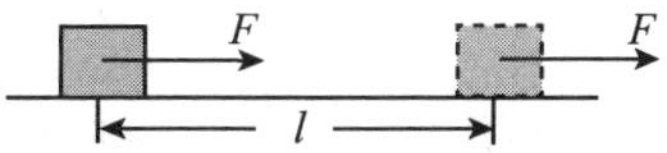

图 7.1.2　力与位移的方向一致时做的功等于力的大小和位移大小的乘积

$$W=Fl。$$

但是当力的方向与物体位移的方向成某一角度时，力对物体做的功该怎么计算呢？

当物体在与运动方向成 α 角的力 F 的作用下发生一段位移 l 时，我们可以将 F 分解为与位移方向一致（水平方向）的力 F_1 和与位移方向垂直（竖直方向）的力 F_2（图 7.1.3），此时有：$F_1=F\cos\alpha$，$F_2=F\sin\alpha$。

由于物体在力 F_1 方向上发生了位移 l，所以力 F_1 对物体做的功为 $W_1=F_1l=Fl\cos\alpha$；物体在力 F_2 方向上发生的位移为零，所以力 F_2 对物体不做功。因此，力 F 对物体做的功就等于力 F_1 对物体做的功，即 $W=Fl\cos\alpha$。

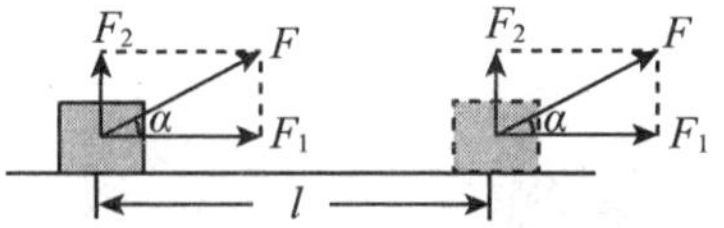

图 7.1.3　力与位移的方向成夹角时做的功是 $W=Fl\cos\alpha$

这就是说，**力对物体所做的功，等于力的大小、位移的大小、力与位移夹角的余弦这三者的乘积。**

在国际单位制中，功的单位是焦耳，简称焦，用符号 J 表示。1 J 等于 1 N 的力使物体在力的方向上发生 1 m 的位移时所做的功，即 1 J=1 N×1 m=1 N·m。

由功的计算公式可知，力对物体做功可能出现以下几种情况。

(1)当 $0\leqslant\alpha<\frac{\pi}{2}$ 时，$\cos\alpha>0$，$W>0$，这表示力 F 的方向与物体位移的方向成锐角时，力 F 对物体做正功。例如，人用力拉车向前运动时，拉力做正功。

(2)当 $\alpha=\frac{\pi}{2}$ 时，$\cos\alpha=0$，$W=0$，这表示力 F 的方向与物体位移的方向垂直时，力 F 对物体不做功。例如，在水平地面上运动的物体，物体的重力和地面对物体的支持力都与位移的方向垂直，它们都不对物体做功。

(3)当 $\frac{\pi}{2}<\alpha\leqslant\pi$ 时，$\cos\alpha<0$，$W<0$。这表示力 F 的方向与物体位移的方向成钝角时，力 F 对物体做负功，也可以说物体克服力 F 做功（取绝对值）。例如，汽车关闭发动机时，在阻力的作用下逐渐停下来，阻力在这个过程中对汽车做负功。

7.1.3　合力的功

当一个物体在几个力的共同作用下发生一段位移时，这几个力对物体所做的总功等于各个力分别对物体所做功的代数和。可以证明，它也就是这几个力的合力对物体所做的功。

【例题】如图 7.1.4 所示，一个质量为 $m=180$ kg 的物体，受到与水平方向成 $\theta=37°$ 角斜向上方的拉力 $F=1\ 000$ N，在水平地面上移动的距离 $l=7$ m。木块在运动过程中受到的阻力为 $F_f=200$ N。求：

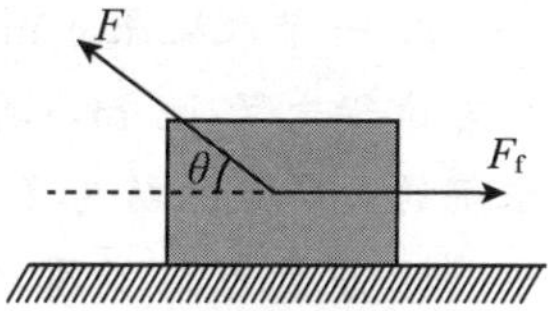

图 7.1.4

(1)各个力对物体做功的代数和。

(2)合力对物体做的功。

分析：物体受到重力、地面的支持力、阻力和拉力。物体在竖直方向上受到重力和支持力，与运动方向垂直，不做功；拉力与运动方向的夹角 θ 满足 $0\leqslant\theta<\frac{\pi}{2}$，所以拉力做正功；阻力与运动方向相反，做负功。将每个力做的功求出后即可求出各个力对物体做功的代数和。

拉力 F 可以分解为水平方向和竖直方向上的两个分力。物体在竖直方向上没有运动，所以在竖直方向上的合力为 0，因此物体所受力的合力就是在水平方向上受到的力的合力。

解：(1)拉力对物体做的功为：

$W_F=Fl\cos 37°=1\ 000\times7\times0.8=5\ 600$ J。

阻力对物体做的功为：

$W_{F_f}=F_f l\cos 180°=200\times7\times(-1)=-1\ 400$ J。

重力和支持力对物体做的功都是 0，即 $W_G=W_{F_N}=0$ J。

所以，各个力对物体做功的代数和为：

$$W=W_F+W_{F_f}+W_G+W_{F_N}=4\ 200\text{ J}。$$

(2)对物体进行受力分析，然后建立平面直角坐标系(图 7.1.5)，把拉力 F 分解为沿水平方向的分力 F_x 和沿竖直方向的分力 F_y。物体所受力的合力就是物体在水平方向上受到的力的合力，即

$F_合=F_x-F_f=1\ 000\times0.8\text{ N}-200\text{ N}=600$ N。

合力对物体做的功为：

$W=F_合 l\cos 0°=600\times7\text{ J}=4\ 200$ J。

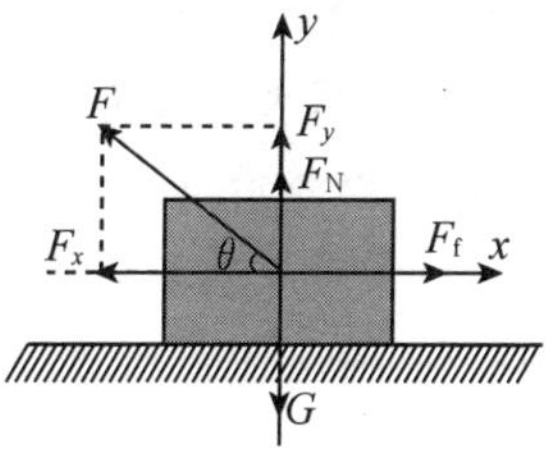

图 7.1.5

练习

1. 质量为 10 kg 的物体静止在光滑水平面上，在水平向东的恒力 $F_1=3$ N、水平向南的恒力 $F_2=4$ N 两力共同作用下，沿水平方向移动了 5 m，在这一过程中，F_1 对物体做的功是________ J，F_2 对物体做的功是________ J，合力对物体做的功是________ J。

2. 运动员用 200 N 的力，将质量为 1 kg 的球踢出 50 m 远，求运动员

做的功。

3. 一个人从深 4 m 的水井中匀速提取 50 N 的水桶至地面，在水平道路上又匀速行走了 12 m，再匀速走下 6 m 深的地下室，则整个过程中此人用来提水桶的力所做的功为多少？

4. 质量为 m 的滑块以一定初速度沿倾角为 θ 的斜面上滑 l 后，又沿原路返回，设滑块与斜面的动摩擦因数为 μ，则滑块从开始上滑到回到出发点的过程中，克服摩擦力所做的功为多大？重力做的功为多大？

5. 在距地面高 5 m 的平台上，以 25 m/s 的速度竖直向上抛出质量为 1 kg 的石块，不计空气阻力，取 $g=10\ \text{m/s}^2$，求抛出后第 3 s 内重力对石块所做的功。

6. 质量为 m 的物体与水平面间的动摩擦因数为 μ，现用与水平方向成 θ 角斜向下的推力推动物体沿水平面匀速前进了 s，则物体克服摩擦所做的功为多少？

7. 如图 7.1.6 所示，在光滑的水平地面上叠放着物体 A 和 B，质量分别为 M 和 m，系统由静止开始运动，A，B 未发生相对滑动，求经时间 t 作用在物体 B 上的各个力做的功及摩擦力对 A 做的功。

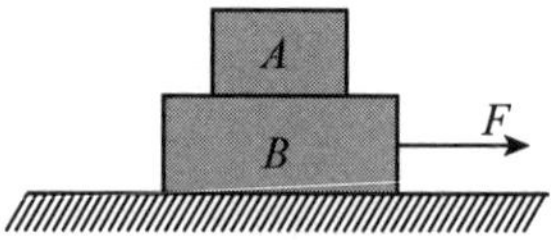

图 7.1.6

8. 质量为 $m=10$ kg 的物体在拉力作用下运动，求下列各种情况下拉力做的功。(g 取 10 m/s^2)

(1)拉力沿水平方向，物体在动摩擦因数为 $\mu=0.25$ 的水平地面上匀速移动 $s=4$ m。

(2)拉力沿水平方向，物体在动摩擦因数为 $\mu=0.25$ 的水平地面上以 $a=2\ \text{m/s}^2$ 的加速度匀加速移动 s=4 m。

(3)用大小为 $F=50$ N 的、与水平方向成 $\theta=37^\circ$ 角的斜向上的拉力拉物体，使物体沿水平地面移动 $s=4$ m，物体与地面间的动摩擦因数为 $\mu=0.25$。

(4)物体在竖直向上的拉力 F 作用下，以 $a=2\ \text{m/s}^2$ 的加速度匀加速上升 $h=4$ m。

7.2 功 率

牛和拖拉机都可以耕地，但是一头牛一天能耕地约 5 亩①，一台拖拉机一天能耕地约 20 亩。在相同时间内，拖拉机耕地比牛耕地多很多，这说明拖拉机比牛做功快。那么，用什么物理量来描述物体做功的快慢呢？

---

① 1 亩≈666.7 m^2。

7.2.1　功率的定义

不同的物体做相同的功，所用时间往往不相同。做相同的功，用时少，表示做功快，用时多，表示做功慢。例如，甲起重机需 1 min 把 1 t 的货物提到指定高度，而乙起重机只需 30 s 就可以把 1 t 的货物提到相同的高度，所以我们说乙起重机比甲起重机做功快。

在物理学中，做功的快慢用功率表示。如果在时间 t 内，力对物体所做的功为 W，那么功 W 与完成这些功所用的时间 t 的比值叫作**功率**，用 P 表示，它的表达式为

$$P=\frac{W}{t}。$$

在国际单位制中，功率的单位为瓦特，简称瓦，符号为 W。1 W=1 J/s。在技术上，功率的常用单位是千瓦(kW)，1 kW=10^3 W。

小资料

长时间运动时人的功率为数十瓦，优秀运动员可达 1 kW

长时间运动马的功率为数百瓦

鲸游动时功率可达 350 kW

小汽车的功率可达200 kW

高速列车的功率可达数万千瓦

万吨豪华游轮的功率可达数万千瓦

电动机、内燃机等动力机械都标有**额定功率**，它表示在正常条件下可以长时间工作的功率。一般来说，实际输出功率往往小于这个数值。例如，某汽车内燃机的额定功率是 97 kW，但在平直公路上中速行驶时，发动机实际输出的功率只有 30 kW 左右，而在越过障碍时，通过增大供油量可使实际输出的功率大于额定功率，但这对发动机有害，只能工作很短时间，应尽量避免。由此可见，实际功率可以小于或等于额定功率，而不允许长时间超过额定功率。

7.2.2 功率与速度的关系

各种机器的实际输出功率常随时间变化，因此有平均功率和瞬时功率之分。在公式 $P=\frac{W}{t}$ 中，W 表示力对物体所做的功，t 表示做这些功所用的一段时间，所以用公式 $P=\frac{W}{t}$ 求出的是这段时间的**平均功率**。那么，怎么描述力在某一时刻的做功快慢呢？

【例题 1】如图 7.2.1 所示，一个物体受到水平恒力 F 的作用，在时间 t 内发生的位移为 l，试求这段时间 t 内恒力 F 做功的功率。

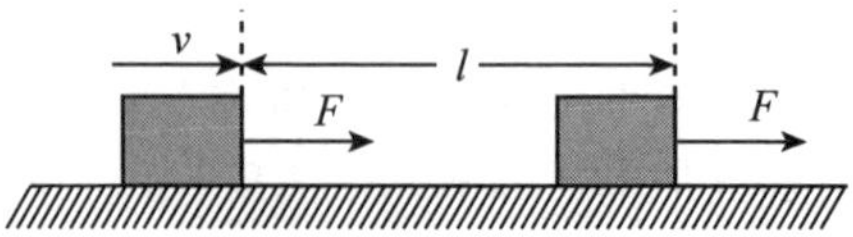

图 7.2.1

解：力 F 在这段时间内对物体做的功是 $W=Fl$，那么力 F 做功的功率为

$$P=\frac{W}{t}=\frac{Fl}{t}。$$

因为 $\frac{l}{t}$ 是物体在时间 t 内的平均速度，即 $\frac{l}{t}=v$，故有

$$P=Fv。$$

由此可见，一个力对物体做功的功率等于这个力与受力物体运动速度的乘积。当物体是变速运动时，若 v 表示时间 t 内的平均速度，则 $P=Fv$ 表示力 F 在时间 t 内的平均功率；若 v 表示物体运动某一时刻的瞬时速度，则 $P=Fv$ 表示力 F 在这一时刻的**瞬时功率**。

【例题 2】质量 $m=3$ kg 的物体，在水平力 $F=6$ N 的作用下，在光滑的水平面上从静止开始运动，运动时间 $t=3$ s，求：

(1)力 F 在 $t=3$ s 内对物体做的功。

(2)力 F 在 $t=3$ s 内对物体做功的平均功率。

(3)力 F 在 3 s 末对物体做功的瞬时功率。

解：已知 $m=3$ kg，$F=6$ N，$v_0=0$，$t=3$ s，故

$$a=\frac{F}{m}=\frac{6}{3}\ \text{m/s}^2=2\ \text{m/s}^2。$$

$$x=v_0\text{t}+\frac{1}{2}at^2=0\times3\ \text{m}+\frac{1}{2}\times2\times3^2\ \text{m}=9\ \text{m}。$$

$$v_t=v_0+at=0\ \text{m/s}+2\times3\ \text{m/s}=6\ \text{m/s}。$$

(1)$W=Fl=6\times 9\ \text{J}=54\ \text{J}$。

(2)$P=\dfrac{W}{t}=\dfrac{54}{3}\ \text{W}=18\ \text{W}$。

(3)$P=Fv_t=6\times 6\ \text{W}=36\ \text{W}$。

练习

1. 关于功率，下列说法中正确的是(　　)。

①功率大说明物体做的功多

②功率小说明物体做功慢

③由 $P=W/t$ 可知，机器做功越多，其功率越大

④单位时间内机器做功越多，其功率越大

A. ①②　　　　B. ①③

C. ②④　　　　D. ①④

2. 体重为 750 N 的短跑运动员，如果要在 2 s 内匀加速的达到 10 m/s 的速度，求他在这 2 s 内的平均功率和 2 s 末的瞬时功率。

3. 一台起重机的输出功率是 5.0×10^4 W，若用它将 2.0 t 的重物匀速吊起 10 m，需要多长时间？

4. 一个质量是 1.0 kg 的物体，从地面上方 30 m 高处开始做自由落体运动。($g=10\ \text{m/s}^2$)

(1)前 2 s 内重力对物体做功的功率是多大？

(2)第 2 s 末重力对物体做功的功率是多大？

5. 质量为 m 的物体从高处自由下落，求经时间 t 重力对物体做功的平均功率和在时刻 t 重力对物体做功的瞬时功率。

6. 如图 7.2.2 所示，位于水平面上的物体 A，在斜向上的恒定拉力作用下，正以 $v=2$ m/s 的速度向右做匀速直线运动。已知 F 的大小为 100 N，方向与速度 v 的夹角为 37°，求：

(1)拉力 F 对物体做功的功率。

(2)物体向右运动 10 s 的过程中，拉力 F 对它做的功。($\sin 37°=0.6$，$\cos 37°=0.8$)

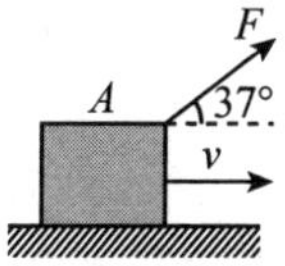

图 7.2.2

7. 从空中以 40 m/s 的初速度平抛一个质量为 1 kg 的物体，3 s 后物体落至地面，不计空气阻力，求 3 s 内重力所做的功、重力的平均功率和落地时重力的瞬时功率。($g=10\ \text{m/s}^2$)

8. 将 20 kg 的物体从静止开始以 2 m/s^2 的加速度竖直提升 4 m，求：

(1)拉力做功的平均功率。

(2)到达 4 m 高处时拉力的瞬时功率。($g=10\ \text{m/s}^2$)

7.3 势 能

7.3.1 重力做功

生活和生产实践告诉我们，处在高处的物体落下时能够做功。例如，蓄能水电站中的水释放时能带动发电机运转，使它发电[图 7.3.1(a)]；过山车从最高点往下运动时速度会越来越快[图 7.3.1(b)]……这些例子都说明处在高处的物体具有能量，所以它们能够做功。在物理学中，**把物体由于被举高而具有的能量叫重力势能**。

功与能是两个密切联系的物理量。物体的高度发生变化，重力势能就发生变化，重力要做功：物体下降时重力做正功，重力势能减小；物体被举高时重力做负功，重力势能增加。所以要研究重力势能就要先了解重力做功。

（a）释放蓄能水电站的水　　（b）过山车从高处滑下

图 7.3.1

如图 7.3.2 所示，将一质量为 m 的小球，从同一高度 h_1 分别沿竖直方向下落、沿斜面下滑、沿任意路径下滑，最后都落到高度为 h_2 的位置。试分析小球沿上述三条不同路径运动的过程中，重力对小球做的功各是多少？

在图 7.3.2(a)中，小球沿竖直方向从高度为 h_1 的位置 A 向下运动到高度为 h_2 的位置 B，它发生的位移大小为 h(这里 $h=h_1-h_2$)。这个过程中重力做的功为

$$W_G=mgh=mgh_1-mgh_2。$$

在图 7.3.2(b)中，小球沿斜面方向从高度为 h_1 的位置 A 向下运动到高度为 h_2 的位置 B，它发生的位移大小为 l，重力方向与位移方向的夹角为 θ，这个过程中重力做的功为

$$W_G=mgl\cos\theta=mgh=mgh_1-mgh_2。$$

在图 7.3.2(c)中，小球沿任意路径从高度为 h_1 的位置 A 向下运动到高度为 h_2 的位置 B，我们把整个路径分成许多很短的间隔 AA_1，A_1A_2，A_2A_3，…，由于每一段都很短，因而都可以近似地看作一段倾斜直线。设每一小段的高度差分别是 Δh_1，Δh_2，Δh_3，…，则物体通过每一小段斜线时重力做的功分别为 $W_1 = mg\Delta h_1$，$W_2 = mg\Delta h_2$，$W_3 = mg\Delta h_3$，…，物体通过整个路径时重力所做的功等于重力在每一小段上所做功的代数和，即在这一过程中重力做的功为

$$W_G = \sum_i W_i = \sum_i mg\Delta h_i = mgh = mgh_1 - mgh_2。$$

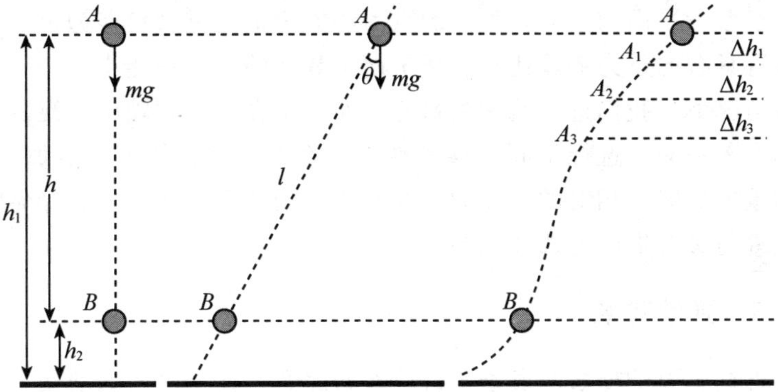

(a)小球竖直下落　(b)小球沿斜面滑下　(c)小球沿任意路径滑下

图 7.3.2

以上分析表明，**物体运动时，重力对它做的功跟物体运动的路径无关，只跟它的起点和终点的位置有关**。重力做功的大小等于物重跟起点高度的乘积 mgh_1 与物重跟终点高度的乘积 mgh_2 两者之差，即

$$W_G = mgh_1 - mgh_2。\qquad ①$$

7.3.2　重力势能

根据功和能的关系，力对物体做了多少功，就有多少能量发生了变化。我们知道①式左边的 W_G 表示重力做的功，所以右边的 mgh_1 和 mgh_2 应当是物体的某种能量。由此可见 mgh 是一个有特殊意义的物理量，它既与重力所做的功密切相关，又与物体的质量和所处的高度有关，这和重力势能的特征基本一致。因此，我们就把物理量 mgh 叫作物体的**重力势能**，用 E_P 表示，即

$$E_P = mgh。$$

上式表明，**物体的重力势能等于它所受重力与所处高度的乘积**。重力势能是标量，其单位与功的单位相同，在国际单位制中都是焦耳，符号为 J。

若用 $E_{P1} = mgh_1$ 表示物体在初位置的重力势能，用 $E_{P2} = mgh_2$ 表示物体在末位置的重力势能，那么重力做功和重力势能的关系可以表示为

$$W_G = E_{P1} - E_{P2}。$$

上式表明，当物体由高处运动到低处时，$W_G > 0$，$E_{P1} > E_{P2}$，这表示重力做正功时，重力势能减少，减少的重力势能等于重力所做的功。当物体由低处运动到高处时，$W_G < 0$，$E_{P1} < E_{P2}$，这表示重力做负功时，重力势能增加，增加的重力势能等于物体克服重力所做的功。

一个物体的重力势能与其所处的位置 h 有关，而物体的位置 h 总是相对于某一水平面而言的，因此，在计算重力势能时，应当选取一个水平面为参考平面。在参考平面上，物体的重力势能为零；在参考平面的上方，物体的重力势能为正；在参考平面的下方，物体的重力势能为负。重力势能为负，表示物体在这个位置具有的重力势能比在参考平面上具有的重力势能小。

通常情况下，我们选择地面为参考平面，但在实际问题中，视研究问题的方便选择参考平面。选择不同的参考平面，物体的重力势能的数值是不同的，即物体的重力势能是相对的，但物体在两个不同位置之间的重力势能的差值是确定的，它与参考平面的选择无关。

7.3.3 弹性势能

玩具青蛙里面被拧紧的发条、被拉伸的弹簧、撑竿跳高运动员手中的弯竿(如图 7.3.3)……这些物体都发生了形变，每个物体的各部分之间都有弹力的相互作用，它们在恢复原状时能对外做功，因而具有能量，这种能量叫作**弹性势能**。

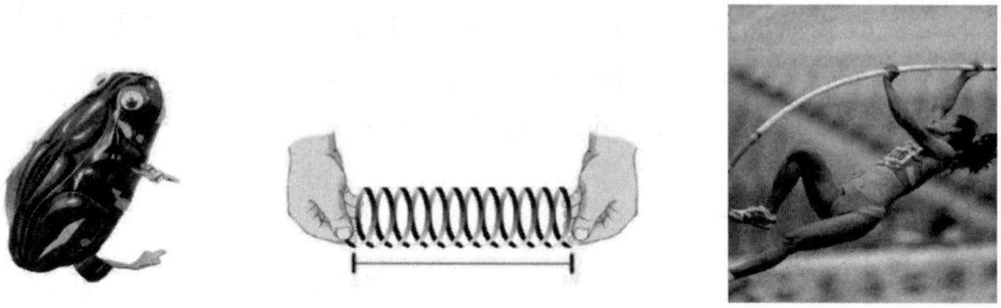

(a) 拧紧发条的玩具青蛙　　(b) 拉伸的弹簧　　(c) 撑竿跳高运动员手中的弯竿

图 7.3.3

弹性势能的大小与形变的大小有关，物体的形变越大，弹性势能就越大，物体的形变越小，弹性势能就越小。例如，弹簧的弹性势能与弹簧被压缩或拉伸的长度有关，如图 7.3.4 所示，用力 F 向左推木块，使弹簧压缩，松手后，弹簧会对木块做功，将木块弹出。弹簧压缩的越短，松手后弹簧对木块做的功越多，弹簧的弹性势能就越大。

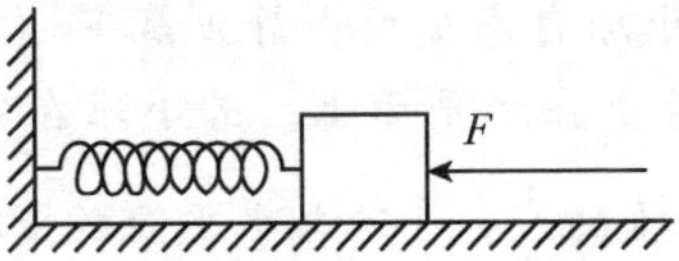

图 7.3.4

7.3.4 势能是系统所共有的

重力势能是由地球与地面上物体的相对位置决定的，弹性势能是由发生形变的物体各部分的相对位置决定的。与相互作用物体的相对位置有关的能量叫作**势能**。重力势能和弹性势能都是势能的一种类型，但应该注意的是，不管是重力势能还是弹性势能，都不是物体独有的，而是系统共有的。重力势能跟重力做功密切相关，而重力是地球与物体之间的相互作用力，倘若没有地球，物体就不受重力。所以，重力势能是地球与物体所组成的这个物体“系统”所共有的，而不是地球上的物体单独具有的，通常说某物体的重力势能是多少，只是一种简化的说法。

除了重力势能和弹性势能，还有其他形式的势能，如分子势能、电势能等。任何形式的势能，都是相应的物体系统由于其中各物体之间或物体内的各部分之间存在相互作用(力)而具有的能，是由各物体的相对位置决定的。例如，分子之间由于存在相互作用而具有的势能，叫作分子势能，由分子间的相对位置决定。分子势能属于分子组成的系统，不是一个分子单独具有的。

练习

1. 将一个质量为 10 kg 的物体从地面搬到离地面 3 m 高的 A 处，再搬到离地面 7 m 高的 B 处，若取 A 处的水平面为参考平面，那么物体在地面时的重力势能是________J，在 A 处的重力势能是________J，在 B 处的重力势能是________J，物体由地面被搬到 B 处，重力势能增加了________J。($g=10\ \mathrm{m/s^2}$)

2. 井深 8 m，井上支架高 2 m，在支架上用一根长 1 m 的绳子系住一个重 100 N 的物体，求该物体的重力势能。

3. 质量为 2 kg 的小物体从高为 3 m、长为 6 m 的斜面顶端由静止开始下滑，如图 7.3.5 所示，滑到底端时速度为 6 m/s，g 取 $10\ \mathrm{m/s^2}$，则物体在斜面上下滑到底端的过程中重力做了多少功?

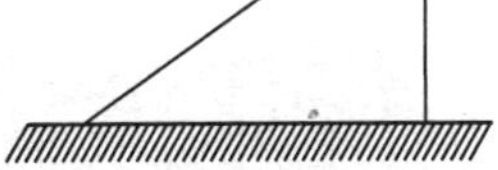

图 7.3.5

4. 质量为 1 kg 的物体从高处自由落下，经 3 s 落地，那么它在下落的第 1 s 内，重力势能减少了多少?($g=10\ \mathrm{m/s^2}$)

5. 一个质量为 m 的小球自高 h 处由静止落下，与水平面发生多次碰撞后，最后静止在水平面上。若小球在空中运动时，受到的阻力恒为小球重的 $\frac{1}{50}$，小球与水平面碰撞时不损失能量，则小球在停止运动之前的运动过程中所通过的总路程为多少？

6. 如图 7.3.6 所示，质量 $m=1$ kg 的小球，从桌面上方高 $h_1=1.2$ m 的 A 点下落到地面上的 B 点，桌面离地面的高度 $h_2=0.8$ m。请按要求填写表 7.3.1。($g=10$ m/s^2)

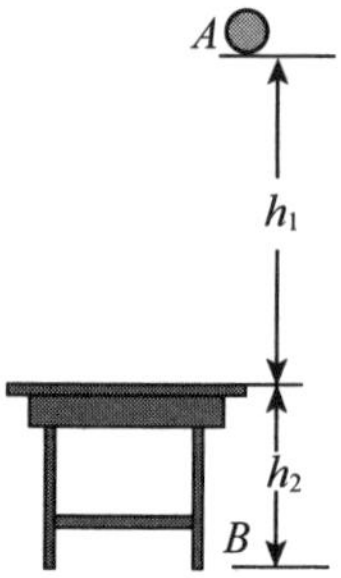

图 7.3.6

表 7.3.1　选择不同参考平面时小球在 A，B 两处的重力势能及整个过程中重力做的功和重力势能的变化量

参考平面	小球在 A 处的重力势能	小球在 B 处的重力势能	整个过程中重力做的功	整个过程中重力势能的变化量
桌面				
地面				

7. 塔吊把一质量为 200 kg 的物体，从距地面高为 $h_1=10$ m 的高度匀速运到高为 $h_2=3$ m 的地方，重力做了多少功？物体的重力势能如何变化？($g=10$ m/s^2)

8. 在水平地面上有 n 块砖，每块砖质量均为 m，厚度为 h，如果人将砖一块一块地竖直叠放起来，求人做的功。

7.4　动能和动能定理

汹涌的波涛能冲击堤岸、急速狂奔的大雪崩能摧毁所到之处的一切、龙卷风能拔起大树(图 7.4.1)……这些都说明运动的物体具有能量，可以做功。在物理学中，把物体由于运动而具有的能量叫**动能**。

(a) 汹涌的波涛能冲击堤岸

(b) 急速狂奔的大雪崩

(c) 龙卷风拔起大树

图 7.4.1

7.4.1　动能

奔驰的汽车、滚动的足球、摆动的树枝、投出的篮球等运动的物体都具有动能。通过初中的学习，我们知道物体的动能与物体的质量和速度有关，质量越大，速度越大，物体所具有的动能也就越大。那么，物体动能的大小与其质量和速度的大小有什么定量的关系呢？

如图 7.4.2 所示，一个物体的质量为 m，初速度为 v_1，在与运动方向相同的恒力 F(合力)的作用下发生一段位移 l，速度增大到 v_2。

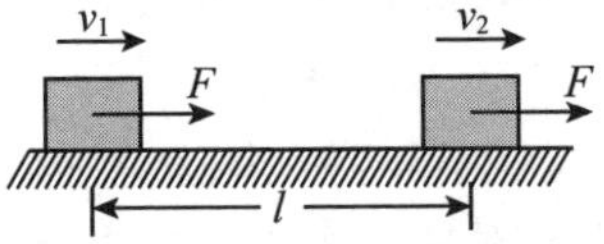

图 7.4.2

在这个过程中，力 F 做的功为

$$W=Fl。$$

根据匀变速直线运动公式 $v_2^2-v_1^2=2al$ 可得

$$l=\frac{v_2^2-v_1^2}{2a}。$$

根据牛顿第二定律有

$$F=ma。$$

联立以上三式解得

$$W=\frac{1}{2}mv_2^2-\frac{1}{2}mv_1^2。$$

根据功和能的关系，上式左边 W 表示合力做的功，所以右边的 $\frac{1}{2}mv_2^2$ 和 $\frac{1}{2}mv_1^2$ 应当是物体在初、末两个状态的某种能量。这个能量与物体的质量和速度直接相关，它就是物体的动能，所以“$\frac{1}{2}mv^2$”应该就是我们寻找的动能表达式，即质量为 m 的物体，以速度 v 运动时的动能 E_k 为

$$E_k=\frac{1}{2}mv^2。$$

上式表明，**物体的动能等于物体质量与物体速度大小的二次方的乘积的一半**。动能是标量。在国际单位制中，动能的单位是焦耳，符号是 J。

7.4.2　动能定理

在得到动能的表达式之后，若 $E_{k2}=\frac{1}{2}mv_2^2$ 表示一个过程的末动能，$E_{k1}=$

$\frac{1}{2}mv_1^2$表示一个过程的初动能，则合力做的功与动能变化的关系式

$$W=\frac{1}{2}mv_2^2-\frac{1}{2}mv_1^2,$$

可以写成

$$W=E_{k2}-E_{k1}=\Delta E_k,$$

其中 ΔE_k 表示动能在这一过程中的改变量。

这个关系表明，**合力在一个过程中对物体所做的功，等于物体在这个过程中动能的变化。这个结论叫作动能定理**。从式中可以看出，若外力对物体做正功，物体的动能增加，即 $W>0$，$E_{k2}>E_{k1}$，如汽车的启动过程；若外力对物体做负功，物体的动能减少，即 $W<0$，$E_{k2}<E_{k1}$，如汽车的刹车过程。

在前面的分析中，动能定理是在物体受恒力作用，并做直线运动的情况推导出来的。可以证明，当物体受变力或者做曲线运动时，动能定理同样适用。利用动能定理，我们可以方便的解决实际中的力学问题。

【例题 1】在距地面高 12 m 处，以 12 m/s 的水平速度抛出质量为 0.5 kg 的小球，其落地时速度大小为 18 m/s，求小球在运动过程中克服阻力做的功。($g=10\ \mathrm{m/s^2}$)

分析：小球水平抛出后，重力和阻力的合力对它做功。本题已知小球抛出和落地时的速度，因而能够知道它在平抛运动中增加的动能，又因为在这一过程中，重力做正功，阻力做负功，故可先用动能定理求出合力做的功，再求出克服阻力做的功。

解：已知小球的下落高度 $h=12$ m，初速度 $v_1=12$ m/s，末速度 $v_1=18$ m/s，所以小球的初动能为

$$E_{k1}=\frac{1}{2}mv_1^2=\frac{1}{2}\times 0.5\times 12^2\ \mathrm{J}=36\ \mathrm{J}。$$

末动能为

$$E_{k2}=\frac{1}{2}mv_2^2=\frac{1}{2}\times 0.5\times 18^2\ \mathrm{J}=81\ \mathrm{J}。$$

小球受到的重力和阻力的合力做的功为

$$W=W_G+W_f。$$

根据动能定理，$W=E_{k2}-E_{k1}$，所以有

$$W_G+W_f=E_{k2}-E_{k1}。$$

又因为$W_G=mgh$，代入数据后求得

$W_f=E_{k2}-E_{k1}-W_G=81\ \mathrm{J}-36\ \mathrm{J}-0.5\times 10\times 12\ \mathrm{J}=-15\ \mathrm{J}$。

其中的“－”号表示阻力做负功，所以小球在运动过程中克服阻力做功 15 J。

【例题 2】如图 7.4.3 所示，将质量 $m=2\ \text{kg}$ 的铁球从离地面 $H=2\ \text{m}$ 高处由静止开始释放，落入泥潭并陷入泥中 $h=5\ \text{cm}$ 深处，不计空气阻力，求泥对小球的平均阻力。($g=10\ \text{m/s}^2$)

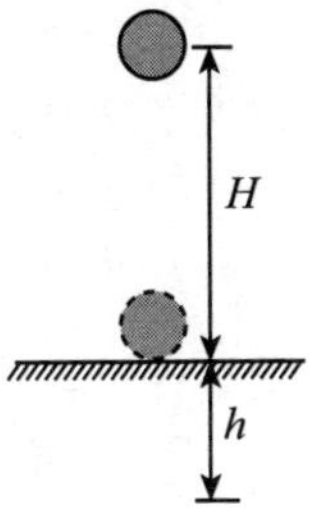

图 7.4.3

分析：可将整个过程分为两段来看——小球先做自由落体运动，后做减速运动。在第一阶段，小球只受到重力的作用，重力对小球做正功；第二阶段，小球受到重力和阻力的作用，重力对小球做正功，阻力对小球做负功。而整个过程中，小球的初、末速度均已知且都为 0，因而能够知道它在这一过程中增加的动能为零，故可应用动能定理求出合力做的功，进而求出泥对小球的平均阻力。

解：整个过程中重力做功为

$$W_G=mg(H+h)。$$

设泥对小球的平均阻力为 F，则阻力做功为

$$W_f=-Fh。$$

根据动能定理有

$$W_G+W_f=0。$$

即

$$mg(H+h)-Fh=0。$$

代入数据得

$$F=820\ \text{N}。$$

故泥对小球的平均阻力大小为 820 N，方向为竖直向上。

练习

1.(多选)质量一定的物体，下列说法正确的是(　　)。

A. 物体的动能不变，则其速度一定不变

B. 物体的速度不变，则其动能也不变

C. 物体的动能不变，说明物体的运动状态没有改变

D. 物体的动能不变，物体运动状态有可能改变

2.(多选)质量为 m 的物体从地面上方 H 高处无初速释放，落在地面后出现一个深度为 h 的坑，如图 7.4.4 所示，在此过程中(　　)。

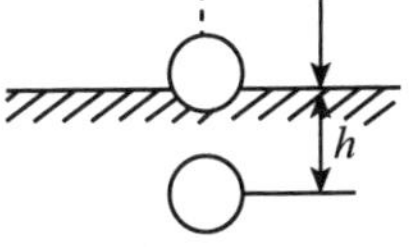

图 7.4.4

A. 重力对物体做功为 mgH

B. 重力对物体做功为 $mg(H+h)$

C. 外力对物体做的总功为零

D. 地面对物体的平均阻力为 $\dfrac{mg(H+h)}{h}$

3. 一质量为 m、速度为 v_0 的汽车在关闭发动机后于水平地面滑行距离 l 后停了下来。试求汽车受到的阻力。

4. 一物体质量为 2 kg，以 4 m/s 的速度在光滑水平面上向左滑行。从某时刻起作用一向右的水平力，经过一段时间后，滑块的速度方向变为水平向右，大小为 4 m/s，求在这段时间内水平力做的功。

5. 一起重机以恒定的竖直向上的力 F，将一质量为 m 的物体由静止开始向上提升，求上升 h 高度时的速度。

6. 铁球从 1 m 高处掉入沙坑，已知铁球在下陷过程中受到沙子的平均阻力为铁球重力的 20 倍，则铁球在沙中下陷的深度为多少米？

7. 把一辆汽车的速度从 15 km/h 加速到 25 km/h，或者从 40 km/h 加速到 50 km/h，哪种情况做的功比较多？通过计算说明。

8. 质量为 M、厚度为 d 的方木块，静置在光滑的水平面上，如图 7.4.5 所示，一子弹以初速度 v_0 水平射穿木块，子弹的质量为 m，木块对子弹的阻力为 F_f 且始终不变，在子弹射穿木块的过程中，木块发生的位移为 L。求子弹射穿木块后，子弹和木块的速度各为多少？

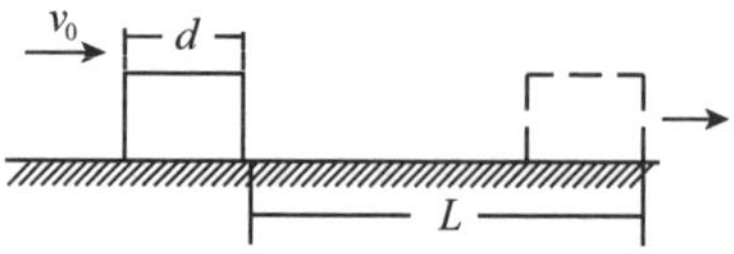

图 7.4.5

9. 质量为 8 t 的卡车以 54 km/h 的速度行驶，司机突然发现前方有一障碍物，于是立即制动。已知制动时障碍物离卡车的距离为 35 m，卡车受到的阻力为 3×10^4 N，制动后卡车会不会撞到障碍物上？

10. 以初速 v_0 竖直上抛一小球，若不计空气阻力，在上升过程中，从抛出小球到小球动能减小一半所经历的时间是多长？

11. 质量为 4 t 的汽车，以恒定功率沿平直公路行驶，在一段时间内前进了 100 m，其速度从 36 km/h 增加到 54 km/h。若车受到的阻力恒定，且阻力因数为 0.02，求这段时间内汽车所做的功。($g=10\ \text{m/s}^2$)

7.5 机械能和机械能守恒定律

各种形式的能量可以相互转化。物体所受合力做的功等于物体动能的改变量；重力对物体所做的功等于物体初位置的重力势能与末位置重力势能的差。在一定条件下，物体的动能与势能(包括重力势能和弹性势能)也可以相互转化，在本节，我们就来定量地研究它们之间相互转化时遵循的规律。

7.5.1　动能和势能的相互转化

动能和势能的相互转化是日常生活中常见的一种现象。图 7.5.1(a)所示的是篮球被运动员向上抛出的情景：在抛出时，篮球获得了动能；在上升时，重力做负功，速度逐渐减小，动能也逐渐减小，但是重力势能在逐渐增加；篮球达到最高点时速度为零，此时篮球的动能为零，重力势能最大；篮球从最高点下落时则是一个逆向的能量转化过程——重力做正功，篮球的动能增加，重力势能减小。图 7.5.1(b)所示是撑竿跳高运动员在撑竿跳高时的情景：运动员在起跳瞬间，使撑竿发生弹性形变，弹性势能增加，同时自身速度减小，动能减小，把自身的动能转化为撑竿的弹性势能；在撑竿恢复原状的过程中，竿的弹性势能转化为运动员的动能，运动员被举高，重力势能增加，动能又不断地转化为运动员的重力势能；在下落的过程中，高度逐渐降低，速度越来越快，重力势能转化为动能。按照同样的分析方法，我们可以分析飞流直下的瀑布[图 7.5.1(c)]的动能和势能之间的转化。

(a)　　(b)　　(c)

图 7.5.1　动能和势能转化的实例

7.5.2　机械能守恒定律及其应用

从初中所学的知识我们知道。物体的动能和势能(包括重力势能和弹性势能)之和称为物体的**机械能**。通过上面的例子我们知道，动能和势能之间的转化是通过重力或者弹力做功来实现的，那么，动能和势能之间的转化遵循什么样的规律呢？接下来，我们以动能和重力势能的相互转化为例来讨论这个问题。

我们以小球的自由落体运动为例来从理论上探究这个问题。如图 7.5.2 所示，一个质量为 m 的小球从 A 点自由下落，经过某高度为 h_1 的 B 点时速度为

v_1，下落到某高度为 h_2 的 C 点时速度为 v_2。

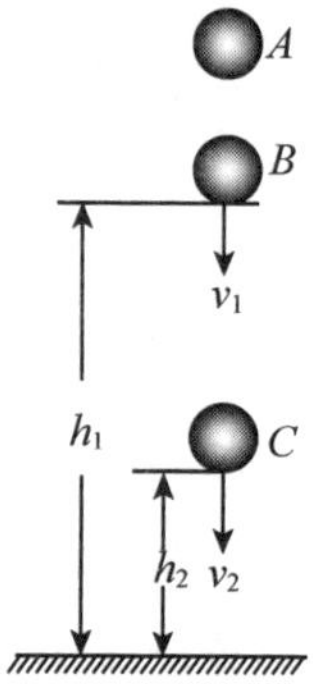

图 7.5.2

在自由下落过程中，小球只受到重力的作用，设小球从 B 运动到 C 的过程中重力做的功为 W_G，根据动能定理可知，重力对物体所做的功等于物体动能的增加，即

$$W_G=\frac{1}{2}mv_2^2-\frac{1}{2}mv_1^2。$$

又从重力做功和重力势能的关系知道，重力对物体所做的功等于重力势能的减少，即

$$W_G=mgh_1-mgh_2。$$

联立以上两式得

$$\frac{1}{2}mv_2^2-\frac{1}{2}mv_1^2=mgh_1-mgh_2。$$

由此可见，小球在自由下落过程中，重力做了多少功，就有多少重力势能转化为动能。

将上式移项后，有

$$\frac{1}{2}mv_1^2+mgh_1=\frac{1}{2}mv_2^2+mgh_2,$$

即

$$E_{k1}+E_{P1}=E_{k2}+E_{P2}。$$

上式表明，小球在自由落体过程中，任意时刻的动能和重力势能之和都相等，它的机械能保持不变。

虽然上述结论是在自由落体运动中推导出来的，但可以证明，在只有重力做功的情况下，不论物体做直线运动还是曲线运动，上述结论都成立。可见，在只有重力做功的情况下，物体的动能和重力势能之间相互转化，物体的总机械能守恒。进一步的定量研究也可以证明，在只有弹力做功的物体系统内，物体的动能与势能可以相互转化，物体的机械能总量不变。

总而言之，**在只有重力或弹力做功的物体系统内，物体的动能和势能可以相互转化，而总的机械能保持不变**。这称为**机械能守恒定律**。

机械能守恒定律是力学中的一条重要规律，是普遍的能量守恒的一种特殊情况，利用这一规律，可以方便地解决生产和生活中的许多问题。

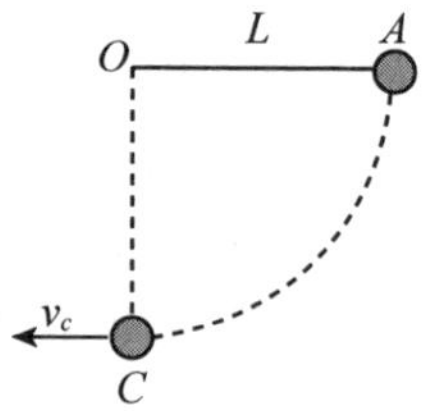

图 7.5.3

【例题】如图 7.5.3 所示，一根长 L 的细绳，固定在 O 点，绳另一端系一质量为 m 的小球。起初将小球拉至水平位置 A 点。求小球从 A 点由静止释放后到达最低点 C 时的速度。（忽略空气阻力）

分析：在忽略空气阻力的情况下，小球受到重力和细绳拉力的作用。细绳的拉力与小球的运动方向垂直，不做功，所以整个过程中只有重力做功，机械能守恒。

小球在 A 点只有重力势能，没有动能，通过计算小球在 A 点和 C 点重力势能的差值，根据机械能守恒定律就能得出它在 C 点的动能，从而算出它在最低点的速度。

解：设 C 点所在的平面为零势能面，以小球在 A 点的状态作为初状态。小球在 A 点的动能 $E_{k1}=0$，重力势能是

$$E_{P1}=mgL。$$

以 C 点的状态为末状态，设小球在 C 点的速度为 v_c，它在 C 点的重力势能 $E_{P2}=0$，动能可以表示为

$$E_{k2}=\frac{1}{2}mv_c^2。$$

运动过程中只有重力做功，所以机械能守恒，即

$$E_{k1}+E_{P1}=E_{k2}+E_{P2}。$$

将各个状态的动能、势能表达式代入上式，得

$$mgL=\frac{1}{2}mv_c^2。$$

由此解出

$$v_c=\sqrt{2gL}。$$

练习

1. 下列叙述中正确的是(　　)。

A. 做匀速直线运动的物体的机械能一定守恒

B. 做匀速直线运动的物体的机械能一定不守恒

C. 外力对物体做功为零，物体的机械能一定守恒

D. 系统内只有重力和弹力做功时，系统的机械能一定守恒

2. 如图 7.5.4 所示，桌面高为 h，质量为 m 的小球从离桌面高 H 处自由落下，不计空气阻力，假设地面处的重力势能为零，则小球落到地面前瞬间的机械能为（　　）。

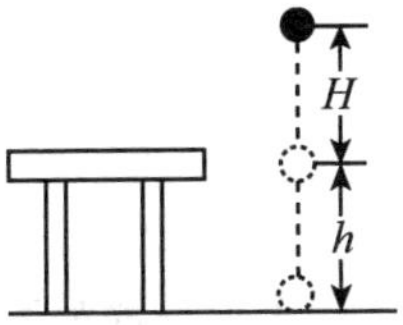

图 7.5.4

A. mgh

B. mgH

C. $mg(H+h)$

D. $mg(H-h)$

3. 以 10 m/s 的速度将质量为 m 的物体竖直向上抛出，若忽略空气阻力，物体上升的最大高度是多少？($g=10\ \text{m/s}^2$)

4. 一个人站在高出地面 h 处，抛出一个质量为 m 的物体，物体落地时的速率为 v，不计空气阻力，求人对物体所做的功。

5. 如图 7.5.5 所示，小球从高处下落到竖直放置的轻弹簧上，试分析在弹簧压缩到最短的整个过程中整个系统能量的变化。

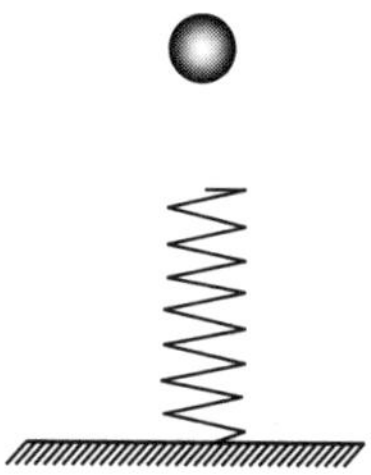

图 7.5.5

6. 如图 7.5.6 所示，把一个小球用细绳悬挂起来，就成为一个摆，摆长为 l，最大偏角为 θ。小球在 A 点的初速度为 v_0，若忽略空气阻力，小球运动到最低位置 O 时的速度是多大？

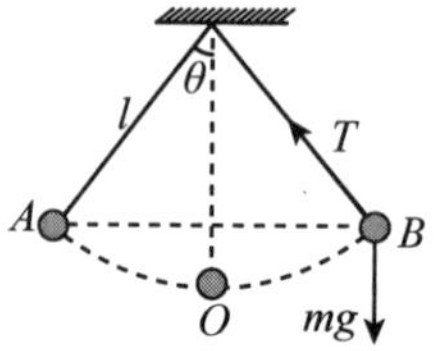

图 7.5.6

7. 如图 7.5.7 所示，光滑的倾斜轨道与半径为 R 的光滑圆形轨道相连接，质量为 m 的小球在倾斜轨道上由静止释放，要使小球恰能通过圆形轨道的最高点，小球释放点离圆形轨道最高点多高？

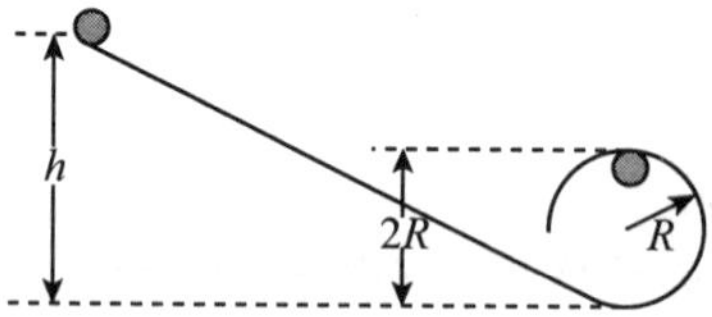

图 7.5.7

7.6 实验：验证机械能守恒定律

上节我们从理论上学习了机械能守恒定律，这一节将通过实验来研究物体自由落体运动过程中动能与势能的变化，从而验证机械能守恒定律。

【实验器材】

铁架台(带铁夹)、电火花计时器(或打点计时器)、直尺、重物、纸带、导线、电源。

【实验原理】

采用图 7.6.1 所示的装置进行实验，在物体自由下落的过程中，若忽略空气阻力和纸带受到的摩擦力，这时物体的机械能守恒，即重力势能的减少等于动能的增加。

若以重物下落的起始点 O 点(速度为 0)为初始位置，O 点所在平面为零势能面，设重物的质量为 m，测出物体自 O 点下落距离 h 时的速度 v，则在误差允许范围内，由计算得出

$$\frac{1}{2}mv^2+mgh=0,$$

则机械能守恒定律得以验证。

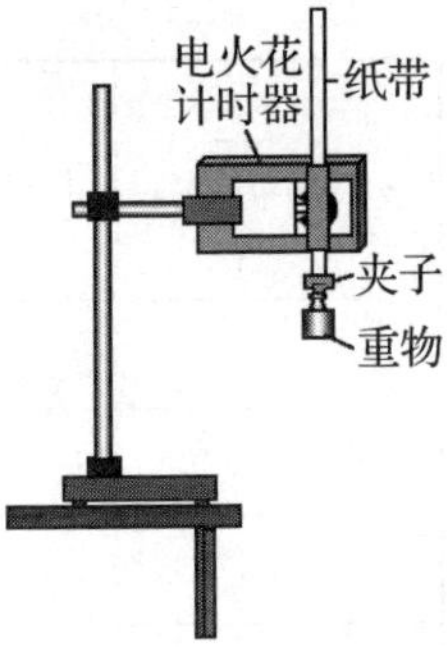

图 7.6.1

若以重物下落过程中的某一点 A 为初始位置，设重物的质量为 m，测出物体对应于 A 点的速度 v_A，再测出物体由 A 点下落 Δh 后经过 B 点的速度 v_B，则在误差允许范围内，由计算得出

$$\frac{1}{2}mv_B^2-\frac{1}{2}mv_A^2=mg\Delta h,$$

则机械能守恒定律得以验证。

【实验过程】

(1)如图 7.6.1 所示，把电火花计时器竖直地固定在置于桌边的铁架台上，将电火花计时器与电源连接好。

(2)将纸带穿过电火花计时器的限位孔，并把纸带的一端固定在重物上，使重物停靠在电火花计时器的附近，先用手提着纸带。

(3)先接通电源，然后松开纸带，让重物带着纸带自由下落，电火花计时器就在纸带上打下一列小点。

(4)重复几次，得到 3～5 条纸带。

(5)在打好点的纸带中挑选点迹清楚且第一、第二两点间距离约为 2 mm 的一条纸带，记下第一个点的位置 O，并在纸带上从任意点开始依次选取计数点 1，2，3，…，并用刻度尺依次测出各点到位置 O 的距离，这些距离就是物体运动到点 1，2，3，…时下落的高度 h_1，h_2，h_3，…(注意 h 取值的正负)。

(6)利用匀变速直线运动在一段时间内的平均速度等于这段时间内中间时刻的瞬时速度的规律，应用公式 $v_n=\dfrac{h_{n+1}-h_{n-1}}{2T}$(其中 $n\neq1$，T 为所选取的两相邻计数点间的时间间隔)，分别计算出各点的瞬时速度 v_2，v_3，…。

(7)把得到的数据填入表 7.6.1 中，计算各点对应的势能减少量 mgh_n，以及增加的动能 $\frac{1}{2}mv_n^2$，$n=2$，3，4，…，并把数据填入表 7.6.1 中，比较所得结果是否与理论一致。(计算时 g 取当地的数值)

表 7.6.1　实验数据记录表

数据序号	下落高度(h_n)	瞬时速度(v_n)	重力势能减少量(mgh_n)	动能增加量$\left(\frac{1}{2}mv_n^2\right)$
1				
2				
3				
4				
5				

【注意事项】

(1)电火花计时器的两限位孔必须在同一竖直线上，以减少摩擦阻力。

(2)实验时必须先接通电源，然后松开纸带让重物下落。

(3)测量下落高度时，必须从起始点算起。选取的各计数点要离起始点远些，可减少物体下落距离 h_n 的测量误差。纸带不宜过长，约 40 cm 即可。因重物自由下落时的加速度较大，每两个计数点间的时间间隔不一定取连打 5 个点的时间为计时单位。

(4)实验中因不需要知道动能和势能的具体数值，故不需测物体的质量 m，即只需要验证$\frac{1}{2}v_n^2=gh_n$。

(5)实际上重物和纸带在下落过程中要克服阻力做功，所以动能的增加量要小于势能的减少量。

(6)纸带挑选的标准是第一、第二两点间的距离接近 2 mm。

【思考】在上述实验中，实验的误差来源有哪些？

练习

1.(多选)在“验证机械能守恒定律”的实验中，下列叙述正确的是(　　)。

A. 安装打点计时器时，两纸带限位孔应在同一竖直线上

B. 实验时，在松开纸带让重物下落的同时，应立即接通电源

C. 若纸带上开头打出的几个点模糊不清，也可设法用后面清晰的点进行验证

D. 测量重物下落高度必须从起始点算起

2. 用打点计时器和重物在自由下落的情况下验证机械能守恒定律，电源频率为 50 Hz，依次打出的点为 0，1，2，3，4，则：

(1)在图 7.6.2 所示的两条纸带中应选取的纸带是__________，因为__________。

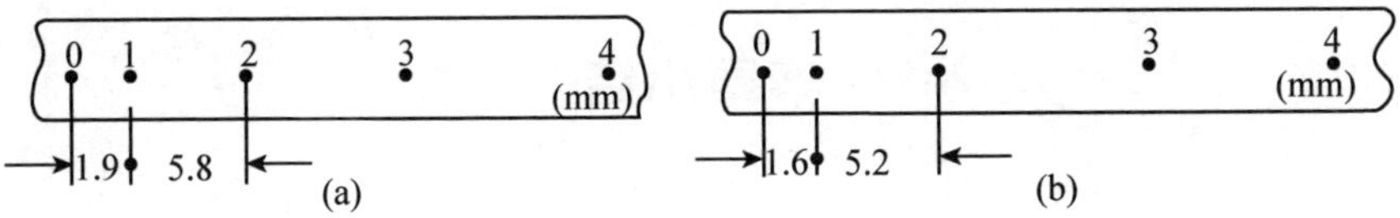

图 7.6.2

(2)如从起点 0 到第 2 点之间来验证，必须测量和计算出的物理量为__________，验证的表达式为________________。

3. 验证机械能守恒定律的实验采用重物自由下落的方法。

(1)用公式$\frac{1}{2}mv^2=mgh$时对纸带上起点的要求是____________________。为此，所选择的纸带第一、第二两点间距应接近______________________。

(2)若实验中所用重物质量 $m=1$ kg，打点纸带如图 7.6.3 所示，打点时间间隔为 0.02 s，则记录 B 点时，重物的速度 $v_B=$_______________，重物动能 $E_{kB}=$_______________。从开始下落起至 B 点，重物的重力势能减少量是__________，因此可以得出的结论是______________________________。

(3)即使在实验操作规范、数据测量及数据处理很准确的前提下，该实验求得的 ΔE_P 也一定略______ΔE_k(填大于或小于)，这是实验存在系统误差的必然结果，该系统误差产生的主要原因是________________________________。

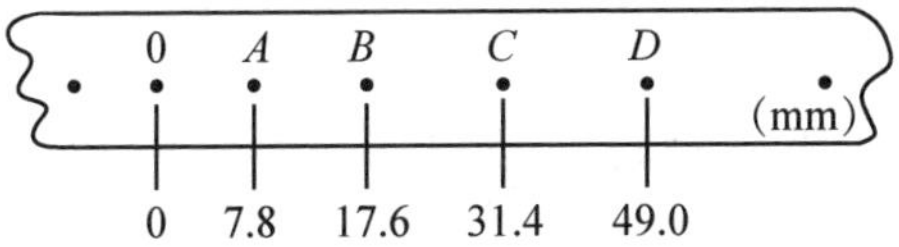

图 7.6.3

本章小结

- 机械能守恒定律
  - 功
    - 概念：力的大小、位移的大小、力与位移夹角的余弦这三者的乘积。
    - 公式
      - $W=Fl\cos\alpha$。
      - 当 $90°<\alpha\leqslant 180°$ 时，W 为负。
      - 当 $\alpha=90°$ 时，$W=0$。
      - 当 $0\leqslant\alpha<90°$ 时，W 为正。
    - 特点
      - 过程量：做功的过程是能量转化的过程。
      - 功是标量，但有正负。
  - 功率
    - 概念：功与完成这些功所用时间的比值。
    - 公式
      - $P=\frac{W}{t}$（平均功率）。
      - $P=Fv$（平均功率或瞬时功率）。
  - 功能关系
    - 重力做功和重力势能的变化：$W_G=E_{p1}-E_{p2}$。
    - 动能定理：$W_{总}=E_{k1}-E_{k2}$。
    - 机械能守恒定律：$E_{p1}+E_{k1}=E_{p2}+E_{k2}$。
  - 动能和重力势能
    - 动能：$E_k=\frac{1}{2}mv^2$。
    - 重力势能：$E_p=mgh$。

习题七

1. 大小相等的水平拉力分别作用于原来静止、质量分别为 m_1 和 m_2 的物体 A，B 上，使 A 沿光滑水平面运动了位移 s，使 B 沿粗糙水平面运动了同样的位移，则拉力 F 对 A，B 做的功 W_1 和 W_2 相比较(　　)。

A. $W_1>W_2$　　　　B. $W_1<W_2$

C. $W_1=W_2$　　　　D. 无法比较

2. 如图所示，A，B 叠放着，A 用绳系在固定的墙上，用力 F 拉着 B 右移，用 F'，F_{AB} 和 F_{BA} 分别表示绳对 A 的拉力、A 对 B 的摩擦力和 B 对 A 的摩擦力，则(　　)。

A. F 做正功，F_{AB} 做负功，F_{BA} 做正功，F' 不做功

B. F 和 F_{BA} 做正功，F_{AB} 和 F' 做负功

C. F 做正功，其他力都不做功

D. F 做正功，F_{AB} 做负功，F_{BA} 和 F' 不做功

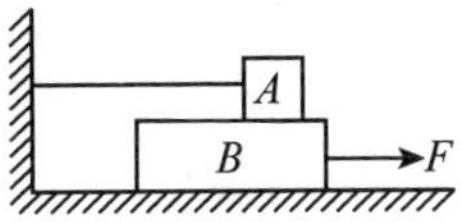

第 2 题图

3. 关于功率以下说法中正确的是(　　)。

A. 据 $P=W/t$ 可知，机器做功越多，其功率就越大

B. 据 $P=Fv$ 可知，汽车牵引力一定与速度成反比

C. 据 $P=W/t$ 可知，只要知道时间 t 内机器所做的功，就可以求得这段时间内任一时刻机器做功的功率

D. 根据 $P=Fv$ 可知，发动机功率一定时，交通工具的牵引力与运动速度成反比。

4. 以恒力推物体使它在粗糙水平面上移动一段距离，力所做的功为 W_1，平均功率为 P_1，在末位置瞬时功率为 P'_1，相同的恒力推该物体使它在光滑水平面移动相同的距离，力所做的功为 W_2，平均功率为 P_2，在末位置的瞬时功率为 P'_2，则下列结论中正确的是(　　)。

A. $W_1>W_2$　　　　B. $W_1=W_2$

C. $P_1=P_2$　　　　D. $P'_1>P'_2$

5. 物体在运动过程中，克服重力做功 50 J，则(　　)。

A. 重力做的功为 50 J　　　　B. 物体的重力势能一定增加 50 J

C. 物体的重力势能一定减少 50 J　　　　D. 物体的重力势能一定是 50 J

6. 人骑自行车下坡，坡长 $l=500$ m，坡高 $h=8$ m，人和车总质量为 100 kg，下坡时初速度为 4 m/s，人不踏车的情况下，到达坡底时车速为 10 m/s，g 取 10 m/s^2，则下坡过程中阻力所做的功为(　　)。

A. $-4\ 000$ J　　B. $-3\ 800$ J　　C. $-5\ 000$ J　　D. $-4\ 200$ J

7. 如图所示，静止的物体沿不同的光滑轨道由同一位置滑到水平桌面上，轨道高度为 H，桌面距地面高为 h，物体质量为 m，则以下说法正确的是(　　)。

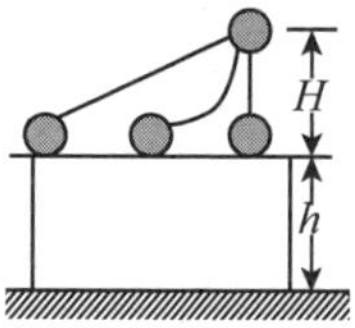

第 7 题图

A. 物体沿竖直轨道下滑到桌面上，重力势能减少最少

B. 物体沿曲线轨道下滑到桌面上，重力势能减少最多

C. 以桌面为参考面，物体重力势能减少 mgH

D. 以地面为参考面，物体重力势能减少 $mg(H+h)$

8. 一质量为 m 的小球，用长为 l 的轻绳悬挂着，小球在水平拉力 F 的作用下，从平衡位置 P 点很缓慢地移动到 Q 点，如图所示，则力 F 所做的功为（　　）。

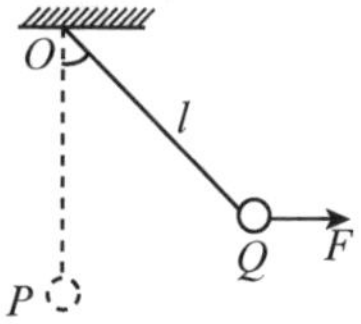

第 8 题图

A. $mgl\cos\theta$

B. $mgl(1-\cos\theta)$

C. $Fl\sin\theta$

D. $Fl\theta$

9.（多选）质量为 m 的物体，从静止开始以 $2g$ 的加速度竖直向下运动的位移为 h，空气阻力忽略不计，下列说法正确的是（　　）。

A. 物体的重力势能减少 mgh　　B. 物体的重力势能减少 $2mgh$

C. 物体的动能增加 $2mgh$　　D. 物体的机械能保持不变

10. 从某一高度由静止释放一小球，忽略空气阻力，则小球在下落过程中（　　）。

A. 重力对小球做负功　　B. 小球的重力势能增大

C. 小球的动能增大　　D. 小球的动能不变

11. 用力 F 拉着一个物体从空中的 a 点运动到 b 点的过程中，重力做功 -3 J，拉力做功 8 J，空气阻力做功 -0.5 J，则下列判断正确的是(　　)。

A. 物体的重力势能减少了 3 J　　B. 物体的重力势能不变

C. 物体的动能增加了 4.5 J　　D. 物体的动能增加了 8 J

12. 下列说法正确的是(　　)。

A. 物体沿水平面做匀加速运动，机械能一定守恒

B. 起重机匀速提升物体，机械能一定守恒

C. 物体沿光滑曲面自由下滑过程中，机械能一定守恒

D. 跳伞运动员在空中匀速下落过程中，机械能一定守恒

13. 在建筑工地上，一起重机将质量 $m=100$ kg 的重物以 $a=2\ \text{m/s}^2$ 的加速度从静止开始竖直向上匀加速提升 $h=10$ m 的高度，求重物受到的拉力、重力以及合力做的功。(不计阻力，$g=10\ \text{m/s}^2$)

14. 一架飞机，质量 $m=5.0\times10^3$ kg，起飞过程中从静止开始滑跑。当位